AF586600

N.° ~~1698~~ Table des pieces contenues dans ce Vol.

5986.

H.

Exécration sur le détestable parricide. à Paris. 1610. p. 12.

Les imprécations et furies contre le parricide commis en la personne d'henry IV. à Paris. 1610. p. 13.

Lettre d'un Gentilhomme à un sien amy, contenant... ce qui s'est passé tant à St Denis qu'à Paris les 13. 14. et 15 may 1610. à Lyon. 1610. p. 8.

Procès, examen, confessions et négations... de Ravaillac sur la mort d'henry le Grand. à Paris. 1611. p. 1.

Remontrance à la Cour de Parlement sur l'assassinat commis en la personne d'henry le Grand. 1610. p. 6. et 7.

Supplice, mort et fin ignominieuse de François Ravallot. à Lyon. 1610. p. 3.

Fin

Le procès de Ravaillac est ici de la 1re édon

La relation de son supplice, de même et exacte de la 2de éd. où

Ravaillac y est appellé Ravallot

Le Discours lamentable sur la mort d'henry IV. est de pierre Pelletier. Son nom se trouve à une 2de édon intitulée de l'inviolable et sacrée personne des Roix.

J'ay dans un Recueil precedent les remonstrances dont on trouve icy 2. édons

quoiqu'il y ait 2 des édon au discours sur la mort d'henry le grand qui est la 9e piece, la bibl. historiq. n'en marque qu'une.

Les pieces 10. et 11. sont des poëmes latins sur la mort d'henry IV. et la 12e piece est la trad. de la piece 11e qui est de Bourbon.

la 13e piece est d'autant moins rare; je l'ay dans un Recueil precedent. ainsi que la 14e

PROCEZ, EXAMENT, CONFESSIONS ET negations du meschant & execrable parricide François Rauaillac sur la mort de HENRY LE GRAND, & ce qui l'a faict entreprendre le malheureux acte.

Iouxte la coppie Imprimee.

A PARIS,
Chez IEAN RICHER.

1611.

Auec Permission.

PREFACE AV LECTEVR.

I'Ay bien voulu icy te donner vn petit diſcours dans lequel tu apprendras, la verité & tout ce qui s'eſt paſſé au procez de Rauaillac & ce qu'il a confeſſé ayant eſté mis à la queſtion, ie ne me ſuis point trauaillé à l'enfler de belles parolles pour contenter le Lecteur : & puis vn ſuiet ſi miſerable ne merite pas ſi arreſter, il ſuffit ſeulement en ſçauoir ce qui eſt de la verité, Adieu.

PROCEZ, EXAMENT, CONFESSIONS & NEGATIONS DU MESCHANT & EXECRABLE PARRICIDE FRANÇOIS RAVAILLAC, SUR LA MORT DE HENRY LE GRAND, & CE QUI L'A FAICT ENTREPRENDRE LE MALHEUREUX ACTE.

C'EST chose estrange qu'il faille que parmy les hommes il s'en trouue de si barbares, que d'oser attenter à la vie des Rois, & encor à ceux qui vrayement & legitimement se peuuent nommer tres-Chrestiens Catholiques & oingts du Seigneur, tels que nos Rois de France.

Nostre grand HENRY apres auoir fait sacrer & couronner la Roine MARIE DE MEDICIS sa legitime espouse à S. Denis en France le 13. de May 1610. sa Maiesté se resoult dedans deux à trois iours de partir auec sa Noblesse pour aller trouuer son armee sur les frontieres, & sur le discours qu'il en faisoit l'on luy fist vn rapport que Spinola se vantoit de luy empescher le passage auec 30000. hommes & luy donner bataille, tout à l'instant il demanda sa cotte d'armes pour l'essaier qui estoit de velours pers, semee de petites fleurs de lys en broderie d'or: le Roy qui s'est rendu les victoires communes comme les combats ietta vn soustris, disant, nous verrons si Spinola est homme de parole, vn Seigneur luy dist, il est Geneuois Sire, ouy dist le Roy, mais il est soldat.

Leurs Maiestez auoient resolu ensemblement de faire donner la liberté à tous prisonniers entre le iour du Couronnement & celuy de l'Entree, non seulement à ceux des prisons communes, mais à ceux de la Bastille: Pour les prisons communes, le Roy en auoit donné la charge aux Maistres des Requestes : pour ceux de la Bastille il en vouloit luy-mesmes deliberer sur les lieux à l'Arsenac : Il desiroit aussi qu'il ne manquast rien à ceste Entree, bien qu'il la pressast fort: ce fut pourquoy, s'en allant à l'Arsenac il deuoit visiter en quel estat en estoient les preparatifs.

Entre trois & quatre heures de releuee il saute en son carrosse à l'entree de la court du Louure, & se met au fonds; il faict entrer dedans les Ducs d'Espernon & Montbazon, Roquelaure, & trois autres: deffendant à ses gardes de le suiure. Quel malheur! car vn maudit François Rauaillac (qui selon ce qu'il a respondu en ses interrogatoires auoit dés long temps premedité de l'assassiner) le regardant sauter dans le carrosse le suiuit iusques en la ruë de la Ferronnerie deuant le cimetiere des Innocents, où voyant le carrosse arresté par des charrettes, sa Maiesté au fonds tournant le visage & panché du costé de Monsieur d'Espernon, ce monstre animé du diable, sans respect de l'onction sacree dont Dieu honore les Rois ses Lieutenants en terre, se iette sur sa Maiesté, & passant son bras au dessus de la rouë du carrosse luy donna deux coups de cousteau dans le corps, & estendit tout roide mort ce grand Roy au milieu de ses plus valeureux & fidelles Capitaines.

Il donna ces deux coups si promptement qu'ils furent plustost reçeus que veus : le premier porté entre la cinquiesme & sixiesme coste perça la veine interieure vers l'oreille du cœur & paruint iusques à la veine caue qui se trouuant coupee feit à l'instant perdre la parole & la vie à ce grand Monarque : Quant au second il ne penetra pas auant & n'effleura gueres que la peau.

Personne n'auoit veu frapper le Roy, & si ce parricide eust ietté son cousteau on n'eust sçeu qui c'eust esté : mais il ne le peut iamais lascher : Les six Seigneurs qui estoient dans le carrosse en descendirent incontinent ; les vns s'empeschants à se saisir du parricide, & les autres autour du Roy ; mais vn d'entr'eux voyant qu'il ne parloit point, & que le sang luy sortoit par la bouche, s'escria, *le Roy est mort* A ceste parole il se feit vn grand tumulte, & le peuple qui estoit dans les ruës se iettoit dans les boutiques les plus proches les vns sur les autres, auec pareille frayeur que si la ville eust esté prise d'ennemis; Vn des Seigneurs soudain s'aduisa de dire que le Roy n'estoit que blessé, & qu'il luy auoit pris vne foiblesse : On demande *du vin*, & tandis que quelques habitans se diligentent d'en aller querir, on abat les portieres du carrosse, & dit-on au peuple, que le Roy n'estoit que blessé, & qu'ils le remenoient vistement au Louure pour le faire penser.

La Roine reçeut dans son cabinet ceste triste nouuelle ; & toute esmeuë en sortit incontinent pour aller voir celuy qu'elle honoroit le plus en ce monde, priué de vie : Mais M. le Chancelier qui estoit lors au Conseil, où pareil aduis estoit venu, estant monté vers elle, la rencontra à la sortie, & l'arresta: Elle dés qu'elle le veit luy dit, *Helas! le Roy est mort* luy sans faire semblant d'aucune esmotion, repartit, *Vostre Maiesté m'excusera, les Rois ne meurent point en France*: Puis l'ayant priee de rentrer dans son cabinet, il luy dit: *Il faut regarder que nos pleurs ne rendent nos affaires deplorables, il les faut reseruer à vn autre temps. Il y en a qui pleurent & pour vous & pour eux: C'est à vostre Maiesté de trauailler pour eux & pour vous. Nous auons besoin de remedes & non de larmes.*

Le sieur de Vitry Capitaine des gardes eut aussi tost commandement d'assembler tous les enfans du feu Roy en vne chambre, & entr'autres le Roy à present regnant Loys XIII. son fils aisné, qui tiroit lors des armes, & que personne n'eust à approcher d'eux.

Mrs les Ducs de Guise & d'Espernon eurent charge de monter & faire monter à cheual le plus de Noblesse qui se pourroit, & aller par toute la ville dire que le Roy n'estoit que blessé: & empescher toute assemblee & esmotion. Chacun est tesmoin du fidelle deuoir qu'ils rendirent en ceste iournee à la Couronne.

Le Duc de Sully sur le bruit que le Roy estoit mort, puis blessé, s'achemina vers le Louure, mais ayant reçeu en chemin nouuelles asseurees de la mort, s'en retourna à l'Arsenac, pour donner ordre à la Bastille; l'vne des places la plus importante qui soit en France auiourd'huy.

Le sieur le Iay Lieutenant Ciuil, & le sieur Sanguin Preuost des Marchands, se rendirent incontinent au Louure, où ils reçeurent le commandement de faire fermer les portes de la ville, s'emparer des clefs, se faire suiure de leurs Officiers, & empescher toute esmotion ; ce qu'ils executerent promptement, & cheminans en diuerses troupes par la ville, fort assistez de la Noblesse, asseuroient à haute voix le peuple, que la blesseure n'estoit rien.

Les compagnies des gardes qui estoient aux faux-bourgs furent incontinent mandees, mais courans confusement tous armez vers le Louure, celà fut cause que le peuple creut le mal estre plus grand qu'on ne leur faisoit.

Chacun en parloit par où il en pensoit : la plus part d'vne mesme voix disoient, que ce coup procedoit de ceux qui auoient en pleine paix desbauché le Mareschal de Biron ; d'autres qu'il venoit de la mesme instruction qu'auoit euë Iean Chastel & Pierre Barriere: Et sans l'ordre cy dessus donné, il y eust eu du danger pour quelques Ambassadeurs des Princes suspects d'estre ennemis de la France.

Il est impossible de pouuoir exprimer la tristesse qui saisit vn chacun en vn instant: Car à ce premier mot qui fut crié, *le Roy est mort*, ceste voix passa comme vn esclair par toute la ville : On ne voyoit que fermer portes & boutiques, on n'entendoit que clameurs & gemissements: Les hommes de toutes qualitez, la larme à l'œil s'entredemandoient que deuiendrons nous : & aucuns disoient, Les maux que nous auons eus, dont ce Prince nous a retirez, n'auront point de comparaison auec ceux que nous aurons apres sa mort : d'autres en leur silence portoient leur tristesse assez depeinte dans leur face: Les femmes auec exclamations les mains ioinctes s'entre-disoient les vnes aux autres, Nous sommes perdus, le Roy est mort: Les petits enfans ploroient aussi: Et ceux qui absents de leurs maisons estoient venus de dehors pour veoir l'entree, se trouuerent en vne merueilleuse perplexité.

Sur l'aduis que l'on donna à Mr. le Premier President de la mort de sa Majesté, il fit incontinent assembler toutes les Chambres, & à la Requeste du Procureur General donna l'arrest suiuant.

Sur ce que le Procureur General du Roy a remonstré à la Cour toutes les Chambres assemblees, que le Roy estant presentement decedé par vn tres-cruel, tres inhumain, & tres-detestable parricide commis en sa personne sacree, il estoit necessaire pouruoir aux affaires du Roy regnant, & de son Estat, requeroit qu'il fust promptement donné ordre à ce qui concernoit son seruice, & le bien de son Estat, qui ne pouuoit estre regy & gouuerné que par la Royne, pendant le bas aage dudit Seigneur son fils, & qu'il pleust à ladite Cour la declarer Regente, pour estre pourueu par elle aux affaires du Royaume. La matiere mise en deliberation, Ladite Cour a declaré & declare ladite Royne mere du Roy Regente en France, pour auoir l'administration des affaires du Royaume pendant le bas aage dudit Seigneur son fils, auec toute puissance & authorité. Faict en Parlement le quatorziesme May l'an mil six cents dix.

Monsieur le Procureur General, bien qu'indisposé, se feit porter en mesme temps au Louure, pour rendre son premier deuoir au Roy, & aduertir la Royne, & Mr. le Chancelier de l'arrest que la Cour venoit de donner pour la Regence: pensant passer en la chambre de la Roine, il entra dans celle où le corps mort du Roy estoit sur vn lict la face couuerte d'vn linge, vestu d'vn satin noir, & autour des flambeaux, auec des Religieux qui commençoient Vigiles : luy ayant ietté de l'eau beniste, le visage plein de larmes il alla voir la Roine laquelle luy confirma l'estime que le feu Roy son mary auoit tousiours faict de sa fidelité à son seruice, dont elle ne doutoit point qu'il ne la continuast à l'endroict du Roy son fils. Il alla apres recognoistre son nouueau Seigneur, & apprit de Mr. le Chancelier que leurs Majestez iroient le lendemain au Parlement.

Les Princes, Officiers de la Couronne, & Gouuerneurs des Prouinces & places frontieres, qui estoient presque tous à Paris, se rendirent incontinent au Louure, & apres le serment de fidelité presté à leurs Maiestez, beaucoup d'iceux eurent commandement de se retirer en diligence en leurs gouuernements pour preuoir à tout ce qui y pourroit suruenir: Mais il aduint qu'aucuns des premiers qui partirent, pource qu'ils le faisoient assez precipitément, le peuple pensant que ce fussent quelques complices du meurtrier, arrestoit tous ceux qu'il voyoit courir: Vn entr'autres courut la risque d'vne fureur populaire, pource qu'il fut trouué descendant par le fossé de la porte S. Denis tirant apres luy son cheual par la bride.

Pour obuier aux remuëments qui eussent peu arriuer à ceste occasion, sur le soir on fit ouurir les portes de S. Iaques & de S. Martin par deux Escheuins, qui feirent prendre les armes à la dixaine la plus proche, pour leur donner main forte : tellement que ceux qui auoient vn commandement de la Roine pour sortir, estant signé du Preuost des

Marchands (qui fut tout du long de la nuict auec le Conseil dans l'Hostel de ville pour donner ordre à toutes occurrences) ils sortoient librement apres l'auoir monstré.

Ceste nuict fut calme sans aucun bruict ; bien qu'vn chacun fust sur pieds. Monsieur le Procureur General tout du long d'icelle feit donner ordre à tendre le daiz à la grand Chambre ou le Roy deuoir venir le lendemain seoir en son lit de Iustice, & à faire aduertir Messieurs de la Cour de s'y rendre.

La Cour, toutes les Chambres assemblees en robbes & chapperons d'escarlatte, M*rs*. les Presidents reuestus de leurs manteaux ayans leur mortiers, attendans le Roy, aduertis de la venüe de M*r*. le Chancelier, on deputa pour aller au deuant de luy M*es*. Iean le Voix & Iean Courtin Conseillers, qui le furent reçeuoir hors du parquet des Huissiers : Et rentrez, deuant luy marchoient les Huissiers & Massiers du Conseil, qui se retirerent incontinent. Ledit Sieur entré reuestu d'vne robbe de velours noir, suiuy des Conseillers d'Estat, & de plusieurs Maistres des Requestes, prit sa place au dessus de M*r*. le premier President.

Depuis pour leur indisposition vindrent separement le Duc de Mayenne, le Connestable, & les Cardinaux & Prelats.

Sur les dix heures, La Cour ayant entendu comme le Roy estoit party du Louure monté sur vne petite haquenee blanche, accompagné des Princes, Ducs, Seigneurs & Officiers de la Couronne, & grand nombre de Noblesse, tous à pied ; La Royne en son Carrosse. suiuie des Princesses & Duchesses ; & ayant par le son du Tambour des gardes du Roy entendu que ſa Maieſté approchoit: Les Capitaines de ſes gardes auſſi s'eſtant emparez des huis du Parlement; furent deputez pour aller au deuant de luy Mrs. les Preſidents, Potier & Forget, & Mes, Iean le Voix, Iean Courtin, Proſpere Bouin & Iean Scarron Conſeillers, qui le furent receuoir à la porte du Cloiſtre ſortant la ruë, où le Roy mit pied à terre, & la Royne ſa mere, toute voilee d'vn creſpe noir, & pour la multitude du peuple qui eſtoit dans la Cour ils eurent beaucoup de peine à paſſer iuſques à la grand Chambre : en laquelle leſdits ſieurs Preſidents & Conſeillers rentrerent deuant le roy, habillé de violet, ſuiuy de la Royne, des Princes, Seigneurs & Officiers, qui prirent tous place en ceſt ordre:

Le Roy LOVYS XIII. seant en son Parlement.

A main dextre proche le Roy vne place entre-deux.

La ROYNE sa Mere.

Plus bas aux hauts sieges,

Le Prince de Conty.
Le Comte d'Anguien.
Le Duc de Guise, Pair.
Le Duc de Montmorency, Pair.
Le Duc d'Espernon, Pair.
Le Duc de Montbazon, Pair.
Le Duc de Sully, Pair.
Le Mareschal de Brissac.
Le Mareschal de Lauerdin.
Le Mareschal de Bois Dauphin.

Aux bas sieges dans le Parquet & aux Barreaux.

L'Euesque de Beziers.
De l'Aubespine, Conseiller d'Estat *qui a seance.*
Camus. *Idem,*
Plusieurs Maistres des Requestes.

Au costé du Roy en bas à genoux.

Le Sr. de Souuray sō gouuerneur.

Aux pieds du Roy.

Le Duc d'Elbœuf, pour le grand Chambellan.

Aux pieds du Chambellan.

Le Baron de Chappes Preuost de Paris.

En la chaire au dessouz.

Mr. le Chancelier.

Aux bas sieges de Mrs. les Presidents.

Mr. le Premier President.
Potier.
Forget.
de Thou.
Seguier.
Molé.
Camus.

Dans le Parquet deuant lesdits Srs. Presidents en vne chaire pour son indisposition.

Le Duc de Mayenne, Pair.

Aux hauts sieges à main senestre.

Le Cardinal de Ioyeuse.
Le Cardinal de Gondy.
Le Cardinal de Sourdis.
Le Cardinal du Perron.
L'Archeuesque de Reims, Duc & Pair.
L'Euesque de Beauuais, Comte & Pair.
L'Euesque de Chalons, Comte & Pair.
L'Euesque de Noyon, Comte & Pair.
L'Euesque de Paris.

Aux bas sieges, dans le Parquet, & aux Barreaux.

Les Conseillers de la Cour en nombre de six vingts quatre.

Tous ayant prins place, la Rôine dit,

Messieurs, ayant pleu à Dieu par vn si miserable accidens retirer à soy nostre bon Roy, mon Seigneur, Ce disant la parole luy cessa, iettant larmes & souspirs : Et peu apres la reprenant, continuant plusieurs souspirs, dit, *Ie vous ay amené le Roy mon fils, pour vous prier tous d'en auoir le soin que vous estes obligé, pource que vous deuez à la memoire du pere, à vous-mesmes, & à vostre pays: Ie desire qu'en la conduite de ses affaires il suyue vos bons aduis & conseils, Ie vous prie de les luy donner tels que vous aduiserez en vos consciences pour le mieux.* Sur ce elle descendit pour se retirer; Mais estant dans le parquet, les Princes, Seigneurs, & toute la compagnie, la supplierent d'honorer l'Assemblee de sa presence: Ce qu'elle refusa plusieurs fois, en fin pressee de supplications, elle reprit sa place. Puis le Roy dit,

Messieurs, Dieu ayant retiré à soy le feu Roy mon Seigneur & pere, par l'aduis & conseil de la Roine ma mere: Ie suis venu en ce lieu, pour vous dire à tous qu'en la conduite de mes affaires, ie desire suiure vos bons conseils, esperant que Dieu me fera la grace de faire mon profit des bons exemples & instructions que i'ay receuës de mon Seigneur & pere : Ie vous prie donc de me donner vos bons aduis, & deliberer presentement sur ce que i'ay commandé à Mr. le Chancelier vous representer.

Ceste Harangue prononcee d'vne royale grauité, Mr. le Chancelier ayant faict deux grandes reuerences, dit, QVE pour nos pechez Dieu ayant tiré à soy le feu Roy la premiere action qu'auoit voulu faire le Roy son fils à present regnant, auoit esté par le sage aduis de la Royne sa mere, venir en son Parlement tenir son lict de Iustice, donnant esperance qu'il seroit soigneux de la rendre & faire administrer bonne à tous ses subjets (principale partie de la charge Royalle:) Sa naissance, & les preuues qu'il donnoit en sa premiere nourriture faisoient esperer qu'il seroit vray imitateur des vertus de son pere, & le rendroit digne fils de ce grand Roy; n'y ayant rien à desirer que l'aage & l'esperance qui seront abondamment suppleez par la prudente & sage conduite de la Royne sa mere; dont la pieté, la vertu & la sagesse, auec vn iugement admirable estans cognus en toutes choses à ce grand & sage Prince, preuoyant & disant souuent, Que par le cours de nature il s'en deuoit aller le premier; auroit voulu luy donner part & cognoissance de tous les grands affaires du Royaume, qu'il auoit faict traicter en sa presence, afin de luy en donner l'intelligence & la capacité de les pouuoir ordonner & conduire; luy disant, & à tous ses subiets selon les occasions, Que son intention estoit luy remettre apres sa mort l'entiere administration des affaires de son Royaume. Et peu de iours auant ce funeste accident, entré en discours & consideration de la mort (à laquelle il se monstroit tousiours preparé sans la craindre) il auroit en presence de plusieurs declaré ceste sienne intention, si souuent reiteree par ce grand Roy, qui a tant merité de la France & de tous les François, que c'est vn tesmoignage plus expres & preuue plus certaine qu'vn testament ou simple declaration des Roys de France, qui par leurs testaments ou autres leurs declarations de volonté, ont declaré les Roynes meres de leurs enfans Regentes, pour auoir le soing & administration des affaires du Royaume; à quoy estoit besoing pouruoir promptement, pour donner cours aux affaires qui ne pouuoient estre retardees qu'auec vn tres-grand preiudice.

Ceste Harangue finie, Mr. le premier President dit,

SIRE, Nous estions les derniers iours en meditations perpetuelles de continuër les loüanges accoustumees des vertus tres-admirables du feu Roy d'heureuse memoire, auec allegresse, qu'apres auoir par sa vertu incomparable courage inuincible, & labeur indomptable, retiré la force de la main de ses ennemis, deslié le nœud de ses miseres, & comme vn grand Esculape reüny les parts dispersees de son Hipolite deschiré par tant de factions, recherchoit tous les moyens de dorer son siecle d'vne profonde Paix que sa valeur nous auoit asseuree, & disposer son peuple à nouuelle resiouissance que nous apportoit le Couronnement de la Roine vostre mere, auec vn applaudissement vniuersel. Mais à present nous trouuons vn changement deplorable en ceste contemplation : Car encores que ses vertus soient vn digne & perpetuel subjet de nos discours, que nostre intention n'est point de changer; toutesfois nous auons plaisir & contentement d'esleuer les vertus presentes, & maintenant serons contraints de parler des passees auec pleurs & gemissements. Quand nous iettons l'œil sur vostre bonne ville de Paris, comme le plus prochain obiect, paree & embellie d'arcs triomphaux, festons, & autres notifices tesmoins du contentement public, se plaignāt de ceste eclipse infortunee inopinement suruenüe en tout le Royaume, Elle nous remet en memoire ce que l'Escriture Saincte dit de Noëmy, qui signifie belle, qui ayant perdu ses enfans disoit à ses voisins, Ne m'appellez plus

Noëmy, mais triste & desolee pour la perte que i'ay faicte: Ainsi nous semble que vostre ville capitale nous dit, Ne m'appellez plus Noëmy, car ie ne suis plus belle ny paree, ma face pasle & deffaicte ressët plus vn sepulcre blächy que tous ses embellissemës du tout inutils par la perte de mon tres-cher Prince, qu'vn traistre desloyal & infidelle parricide m'a rauy d'entre les bras. Et nous qui ressentons ce miserable accident serions en desespoir, n'estoit la consolation que receuons en vostre presence, laquelle contemplant il nous semble voir l'image viue du deffunct, & nous faict croire que ce n'est point vne perte, mais plustost vne eclipse de ce gräd Soleil, lequel aussi tost qu'il est obscurcy en vn lieu, faict paroistre sa lumiere en l'autre. Vous estes seul qui pouuez essuyer nos larmes, & releuer les courages abbatus de vos subjets, suiuant la trace de plusieurs bons Roys vos predecesseurs desquels vous portez le nom, entr'autres de Loys dernier Pere du Peuple, sous le Dais duquel vous estes assis, qui vous doit inuiter à apprendre à bien regner, afin que pareil nom de Pere du Peuple vous soit donné. Et auparauät luy, de Loys dixiesme, & Sainct Loys qui furent assistez au bon-heur de leurs regnes du conseil iudicieux des Roynes Blanche, & Marguerite, tres sages & vertueuses Princesses, desquelles la prudence & le bon succez des affaires plus importantes dont les deux bonnes Roynes leur laissoient la direction, rendoient leurs regnes d'autant plus heureux. Suiuez (SIRE) ce bon exemple, confiez vous en tout de vos affaires à la Royne vostre mere, la Regence de cest Estat luy est deüe, le succez de son administration ne peut estre qu'heureux,

estant

estant pleine d'affection enuers vous, & comblee de perfections & dons de graces infinies que la bonté Diuine faict plus reluire en elle qu'en toutes autres Princesses de la Chrestienté. Autresfois a esté battu vne monnoye en faueur de l'Imperatrice femme de l'Empereur Constance, en laquelle outre son nom estoient grauez ces mots, (qui auoient plus de grace en leur langue qu'en la nostre) *Seureté de l'Estat.* Vous ferez chose aggreable à vos subjets d'ordonner qu'il en soit exposé vne contenãt ceste inscription veritable, *Marie de Medicis*, *Seureté de la France.* D'autãt qu'il ne se peut denier qu'elle ne l'ait affermie, ayant à son aduenement à la Couronne releué les forces de cest Estat languissant souz le desir du bien que peu de temps apres elle nous a donné, duquel nous ressentons à present les grands effects, qui vous oblige d'autant plus à l'aimer, & à luy rendre tout l'honneur qu'elle peut desirer. La supplication tres-humble que nous vous faisons est, d'honorer de vostre bien-veillance vostre Cour de Parlement, qui rend à vos sujets la Iustice, vraye puissance ordonnee de Dieu, gloire & thresor des Rois; qui retiendra vos subiets en vostre obeyssance, souz laquelle nous protestons viure & mourir; Vous faisant à ceste fin ce premier hommage & serment de fidelité, auquel nous vous supplions treshumblement nous receuoir. Nos vœux & prieres seront continuelles à Dieu qu'il luy plaise vous conseruer, & la Roine vostre mere, pour vous & pour vos subiets, donner accroissement à vos iours en toute felicité, & vn progrez du tout heureux à vos ieunes ans. Et comme sa Maiesté diuine vous rend successeur à la Couronne hereditaire du plus braue & valeureux Monarque du monde, aussi vous face vray heritier de ses vertus tres-rares & tres-singulieres. Et quiconque aura cest honneur d estre pres de vous, soit assisté de son Sainct Esprit, & remply de ses benedictions pour vous bien conseiller. Comme au contraire quiconque vous contredira & desobeyra troublant vostre Estat, & entreprendra sur vostre authorité, soit encombré de sa malediction: Et nous face la grace de vous rendre la fidelité de nostre tres-humble seruice si agreable, que puissions estre tenus de vous pour vous tres-humbles, tres-obeyssants & tres-fidelles subiets & seruiteurs.

Les huis estans ouuerts, Pour le Procureur General du Roy, Mr. Seruin dit,

SIRE, Si pour dignement seruir vn Roy, les paroles bien composees auoient autant de force que la franche & pure affection d'vne bonne ame, nous essayerions vous en offrir à ceste premiere entree en vostre lict de Iustice: Mais au lieu que les grandes playes font parler l'extraordinaire dont nos cœurs sont affligez, & ne nous laisse qu'vne voix tremblante & demie viue, si que nous ne sçaurions que vous presenter pour premices & offrandes que des crys & profonds gemissements, exprimez par vne langue toute languissante. Nous vous supplions doncques tres-humblement receuoir nos paroles entrecoupees par les fortes pointures d'vne viue douleur que fait telle perte de nos esprits, qu'ils ne sont autre chose que la douleur mesme. Ne pouuãt rien dire qu'auec vn Roy qui crioit à Dieu, *Mon esprit pasmé d'angoisse se renferme dans moy, & mon cœur tout abatu d'estonnement est troublé & desolé au milieu de moy* Il n'y a que Dieu qui nous peut remettre, pour vous rendre, & à la Royne vostre tres-honoree Dame & Mere, ce qui vous est deub. C'est luy seul qui nous faict respirer & reuenir la parolle. On auoit accoustumé en l'Estat de Rome de reciter les louanges des Empereurs apres leur deceds, & celà s'y faisoit lors que les premiers ressentiments de la douleur estoient passez, auec diuerses fleurs d'eloquence que les Orateurs semoient sur leurs tombeaux & en plein Senat; Et pour ceste heure nous ne pouuons retenir nos esprits pour les arrester à telles harangues: Ce que nous disons vient du naif de nostre affection, & du sentiment de l'Estat present. Ce qu'auons du tout à faire est ne suruiure l'exemple du Conseil Romain qui soudain apres le trespas du premier Cesar dit, *Qu'il ne falloit que prononcer l'Arrest du Senat par lequel tous honneurs diuins & humains auoient esté ordonnez au deffunct*, Adioustant en peu de mots qu'il estoit besoing de pouruoir à trois choses *Avanger la mort du Prince, A la seureté de l'Estat, & A rendre la memoire du deffunct Auguste & venerable.* Le grand nom du Roy vostre Pere (lequel nous pensons encor voir) sa prudence souueraine, sa generosité, sa valeur incomparable, sa foy, sa loyauté, & verité en ses paroles enuers ses subiets & alliez, & à l'endroit de ses ennemis mesmes, sa singuliere moderation & clemence, qui sont toutes vertus Royalles, iointes à l'amour de la Iustice, reuiennent deuant nos yeux en vn'image pour le vous faire veoir. Nous vous representons cest' image afin que vous-vous rendiez imitateur de ses vertus, tout ainsi qu'auez succedé à la viuacité de ce grand esprit principal de c'est' ame vigoureuse. Toutes les vertus de ce grand Roy vostre Pere & Pere du Royaume nous sont autant de diuers subiets de nous rafraischir & augmenter la memoire de nostre douleur. Mais venons en ce que nous disions auec vn Romain (c'est que vous deuez, SIRE, mettre en vostre memoire & l'y conseruer par vn masle ressouuenir) *Que les Princes sont mortels, & la Republique est eternelle.* Ce que nous recognoissons en tous esprits, quand il plaist à Dieu les benir, & nous esperons de luy ceste benediction au vostre. Ce pendant il faut rendre les derniers honneurs au feu Roy, & auoir en l'esprit ces derniers propos du Prince Germanicus, *Si quelque esperance, si quelque proximité de sang touchent vn successeur, si quelque deuotion de ses subiects, s'esmeut à plorer, de plorer l'absence d'vn grand Prince iadis florissant, & qui auoit suruescu tant de guerriers & hazards, qui nous a esté si mal-heureusement rauy.* Icy la douleur nous retient : La douleur de l'homme mortel tire le nom de sa misere. Ce qui peut nous consoler en nostre affliction est, Que Dieu n'a point laissé la France sans ressource, vous y ayant ordonné, SIRE, pour regner sur nous. Vous, d'autant plus releué, que nous remarquons en vostre bas aage par vne grace particuliere de la faueur diuine, comme Dieu donne l'esprit à ceux qui sont naiz grands par vne grande prouidence. La vertu aduint aux Cesars deuant les autres. Ainsi l'on a veu en l'Estat Romain qu'estant affligé de maux & de calamitez, Dieu luy enuoya vn prompt remede, ordonnant pour Empereur Alexandre Seuere encore enfant, pour la bonne esperance que l'on auoit conceuë de luy, par la belle nourriture qu'il auoit receuë de sa mere Auguste Mammea, qui par mesme moyen fut declaree par le Senat Regente en l'Empire, auec toute puissance & authorité; dont les Historiens ont escrit, que ce ieune enfant venu à l'Estat n'auoit rien faict aux affaires grandes qu'auec sa mere. A quoy se pourroit adiouster d'autres exemples; mais estãt dans vn Royaume qui se defere par succession, comme les estrangers mesmes ont recogneu, & escrit que vostre tiltre est nom de Roy, sans adiouster de quel pays (comme a esté autresfois celuy du Roy des Perses,) Que pour estre le gouuernement d'vn tel Estat beaucoup plus legitime qu'vn effectif; Suffit d'alleguer la Regence de la Royne Blanche mere du Roy S. Loys, duquel vous estes yssu en ligne directe, laquelle a rendu le bon Roy son fils (tige sainct & sacré de vos ancestres) & son Peuple, bien-heureux par son administration. Nous n'attendons pas moins de felicitez de la prudence & sage conduite de la Royne vostre treshonoree Dame & mere, doüee de pieté, de sagesse, & saincteté. Dautant plus, qu'elle a cognoissance des affaires de vostre Estat, dont le Roy vostre Pere tres-sage & prudent, a voulu qu'elle fust instruite par ses seruiteurs pour bien gouuerner vostre personne & le Royaume, selon l'intention qu'il leur en a souuent declaree. Ce qui me faict esperer, que non seulemẽt le premier an de vostre regne, mais ceux qui se suiuront par vn long aage que vous souhaittons, seront couronnez de toutes beatitudes, Ainsi nous voyons les certains effects d'vne ferme esperance qui nous sont promis par le simbole de vostre Lys Royal, auec tant ou plus de verité, qu'elles font representer par ceste Fleur de Lys Imperiale, auec vn renuers portant ces tiltres. *L'esperance Auguste*, *L'esperance du Peuple Romain.* C'est à nous maintenant de loüer Dieu pour la souueraine felicité qu'il nous a enuoyée à l'issuë d'vn grand malheur, composant l'esprit de vos subiets & seruiteurs à vous rendre tous vnanimement leur fidelle & prompte obeyssance; & le supplie qu'il luy plaise affermir vostre Throsne en vous faisant regner par Iustice. C'est la fin de nostre vœu en ceste iournee, en laquelle, Comme vn Roy de Palestine recommãdoit vn successeur à l'Empire, la cité saincte de Hierusalem, (comme premiere de toutes les villes de l'Orient, voire du nombril & centre de toute la terre,) par ce qu'elle auoit eu le bon heur de le saluer la premiere, & monstrer le poinct d'honneur de recognoissance enuers son Prince, par vne affection de tant plus signalee, qu'elle ressembloit aux vœux des premiers noms d'vne famille plus aimee & cherie que toutes les autres, pour auoir proferé premierement les doux & saincts noms de Pere & Mere; De mesme ceste principale mere ville de la France, où est la Cour des Pairs, & le premier de vos Parlements; où la premiere voix de vostre succession à la Couronne ayant esté ouye, va se respandant à toutes les autres prouinces de vostre Estat, Implore vostre grace par nostre bouche, & vous supplie tres-humblement d'auoir le sacrifice, qu'elle vous offre de sa deuotion pour aggreable. Ce qu'aussi elle requiert de la Roine vostre Auguste Mere seante auiourd'huy à vostre dextre, comme estoit la Roine Bersabee au throsne du Roy Salomon son fils, lors que ce sage Prince se leua, & comme dict l'escriture Saincte, l'adora en se prosternant deuant elle. Et d'autant que vostre Cour de Parlement, sur ce que luy auons remonstré estre necessaire donner promptement ordre à ce qui concerne vostre seruice & le bien de vostre Estat, qui ne pouuoit estre regy & gouuerné que par la Royne vostre mere pendāt vostre bas aage, donna hyer Arrest, par lequel elle à declaré vostre mere Regente en France, pour auoir l'administration des affaires de vostre Royaume durant ce temps ; Nous vous supplions tres-humblement, assisté que vous estes des Princes, Prelats, Ducs, Pairs, & Officiers de la Couronne, ordonner que cest arrest sera publié en tous les Bailliages, Seneschaussees & Sieges Royaux du ressort de ceste Cour, & en tous les autres Parlements & sieges de vostre Royaume.

Ce fait Mr. le Chancelier monta au Roy reçeut sa volonté; puis descendit, prit l'aduis de Messieurs les Presidents; & remōté, celuy des Princes, Ducs, Pairs; par apres de l'autre costé, des Prelats ; & redescendu, de ceux qui estoiēt en bas, & Conseillers; & retourné en sa place, pronōça l'arrest qui ensuit,

Le Roy seant en son lict de Iustice, par l'aduis des Princes de son sang, autres Princes, Prelats, Ducs, Pairs, & Officiers de sa Couronne, oy & ce requerant son Procureur general, A declaré & declare conformement à l'Arrest donné en sa Cour de Parlement du iour d'hyer, La Royne sa Mere Regente en France, pour auoir soing de l'education & nourriture de sa personne, & administration des affaires de son Royaume pendant son bas aage Et sera le present Arrest publié & enregistré en tous les Bailliages. Senechaussees, & autres Sieges Royaux du ressort de ladite Cour : & en toutes les autres Cours de Parlement de sondit Royaume.

Apres le Roy & la Roine se retirerent au Louure en mesme ordre, auec l'acclamation & resiouyssance du peuple crians, *Viue le Roy*.

Voila tout ce que i'ay sçeu s'estre passé de plus remarquable aux Trois iours consecutifs, sçauoir, Du couronnement de la Roine, De la mort du Roy, & des Arrests prononcez pour La Regence de la Roine.

Sur le Couronnement de la Roine il s'en est faict des imprimez, & entr'autres vn Panegyrique : où comme l'autheur s'est rencontré en vn beau subiect, il en a dit beaucoup de belles choses.

Sur la mort du Roy, il s'en est fait & dit beaucoup; On a remarqué sur le lieu, & sur le iour de sa mort, qu'en l'an 1554. & le 14. iour de May, le Roy Henry 2. feit vne ordonnance, que les loges, eschopes & boutiques de la ruë de la Ferronnerie ioignant le cimetiere des Innocents seroient abbatuës pour plusieurs raisons, & entr'autres pour la liberté du passage du Roy : laquelle ordonnance fut verifiee en Parlement, mais non executee : Et c'est ce qui a donné subiect aux estrangers qui ont escrit du gouuernemēt & police des François : La France, disent-ils, a autant de belles loix, statuts & conseils que Royaume qui soit au monde, suffisant pour gouuerner vn monde : Mais autant qu'ils sont bons, autant sont ils mal obseruez : de sorte qu'vn mesme Soleil void l'establissement & la transgression d'vne loy. Aussi on tient que l'Ambassadeur de Venise respondit audit feu Roy qui luy parloit de la reuocation d'vn certain decret, SIRE, le Senat & Republique de Venise n'ordonne rien qu'apres vne meure deliberation, & ce qu'il ordonne n'est iamais reuoqué: ce ne sont pas cris de Paris. C'est assez dit sur l'ordonnance pour abattre ces eschopes: que si en ce temps elle eust esté executee le mal-heur aduenu par l'embarras des charettes ny fust peut estre suruenu 56. ans apres. Aussi plusieurs du depuis la mort du Roy appellent ceste rüe de la Ferronnerie, la ruë de la Felonnie.

Plusieurs aussi ont escrit que le Duc de Vendosme luy auoit dit le matin, *Sire, i'ay receu aduis que vous deuez vous garder ceste iournee, & que l'on doit entreprendre sur vostre vie.* A ceste parole le Roy le regarda, & luy dit, *De qui tenez vous cest aduis*? Le Duc luy respondit, *Du Medecin la Brosse.* Sa M. qui sçauoit que la Brosse estoit vn vieil Astrologue, dit lors au Duc, *C'est vn vieil fol & vous en estes vn ieune. N'adioustez iamais foy à telles gens.* Voicy ce que Mr. Bertault Euesque de Sees en a escrit en son Discours funebre.

Nul n'ignore maintenant que ce malheur ne luy fust ænigmatiquement predit, & par l'inspection de son particulier Horoscope, & par quelques feintes centuries, presque au mesme temps qu'il est arriué. Ses plus chers l'en aduertissoient, les plus sçauants en cest art le supplioient de se garder: le triste Songe que peu de iours auparauant la Roine son espouse auoit faict de luy, couchee à ses costez, & resueillee en sursaut par l'effroy de sa vision, estoit presque vne parlante image du malheur aduenir, qui luy deuoit seruir d'vn Oracle pour le faire dauantage veiller à sa conseruation, si le courage de ce Prince eust esté capable de frayeur: & s'il eust eu pour soy-mesme la miliesme partie de la iuste crainte qui nous trauailloit à toute heure. Mais quoy? tout ainsi que rien ne sçauroit asseurer le Lieure, aussi rien ne sçauroit espouuanter le Lyon. Là memoire de ses Royalles actions, & la consideration de la douceur dont il obligeoit tout le monde à l'aymer, luy rendoit toutes telles sortes d'attentats incroiables. Il iettoit plustost l'œil de la pensee sur sa propre bonté, que sur la meschanceté d'autruy. C'estoit Cesar qui ne vouloit croire ny son sage Spurina, ny sa fidelle Calphurnie, & falloit necessairement, ce me semble, qu'il en imitast le desastre, comme il en auoit imité la clemence & la valeur.

Bref, les premiers iours d'apres la mort du Roy, les curieux recherchoient tout ce qu'auoient dit les Almanachs, & les centuries de Nostradamus, Pesellus, & Camerarius en ses Centuries; Les vers Latins d'vn Rossolanus Medecin, commençans, *Lucia qui lucis contulit auspicia &c.* d'autres Centuries toutes nouuelles de Nostradamus, qu'on asseuroit auoir esté monstrees au Roy peu auant sa mort, & vne infinité de petits discours. Autres disoient, que par trois diuerses fois, le iour qu'il fut assassiné le Roy entra dans son cabinet, & pria Dieu de le tenir en sa garde? Celà peut estre vray, car peu de iours se passoient (ainsi que nous dirons cy apres) qu'il ne flechist le genouil deuant Dieu, en son cabinet: Iamais il ne luy vint affliction, que la larme à l'œil il ne mist le genouil en terre, & ne fist des recognoissances enuers Dieu, dont le zele estoit du tout hors de l'ordinaire des humains: Et toutesfois il estoit homme. Ie suis icy contraint de blasmer toutes ces curiositez (contre le deuoir de celuy qui rapporte par histoire ce qui s'est passé, pour ce qu'il le doit faire nuement, ſans donner ſon aduis par deſſus) car pour les Almanachs, ceux qui les impriment & qui font les predictions recherchent ſeulemẽt les vieux Almanachs du temps paſſé, & ayant racommodé le Calendrier & les Lunes, (ce qu'ils font encores la plus-part du temps mal, pource que beaucoup n'y entendent rien) donnent leurs rapſodies au public, Ceux qui voudront eſprouuer cecy, n'ont qu'à prendre les Almanachs de Morgar, de Florent de Crox, de Billy & autres imprimez en ceſte annee, & trouueront qu'il n'y a que le nom de changé, & ſont tous pareils, parlant d'vn Vieillard qui doit mourir au mois de May, & ſont tous imprimez par vn meſme Imprimeur. L'hazard de ce mot de *Vieillard*, rencontré en ce mois, leur a fait vendre toutes leurs impreſſions, & les curieux les ont pris pour propheties.

Quand aux Centuries de Noſtradamus, ie ſeray touſiours de l'opinion de Du Verdier en ſa Bibliotheque, & que ce ne ſont que pures reſueries. Pour Peſellus & les Centuries de Camerarius qui ſont derriere, où il a mis l'Horoſcope ou natiuité du Roy, comme l'on m'eut aſſeuré qu'il l'auoit remarquee au meſme iour & à la meſme heure, ie le voulus voir: pour vn eſcu i'en fus quitte, où ie trouuay qu'il marquoit la mort du feu Roy en l'an 59. de ſon aage, ſix mois & quelques iours : & il eſt mort ſur ſa cinquante-ſeptieſme annee. Vrayes follies: toutesfois ie retiray mon argent de ce liure d'vn autre curieux, & ne le voulus voir dauantage. Quant à Rollolanus, quelqu'vn s'eſt ioué de faire ces vers-là ſous ce nom, comme auſſi les Nouuelles Centuries de Noſtradamus : Celuy qui me les monſtra escrites à la main m'en fit grand feste, ie les leu, & luy demanday d'où il les tenoit ; il m'en compta merueilles de quand & à qui Nostradamus mesmes les auoit baillees durant ces derniers troubles, mais il fut estonné quand ie luy monstré que Nostradamus estoit mort dés l'an 1566. Tout le mal qui en est aduenu a esté, qu'vn Procureur de Prouence pensant reporter en son pays des nouuelles de la Cour, prit copie de ces Centuries, & en donna dés qu'il fut à Aix la copie à d'autres: Le Parlement aduerty, (pource que Nostradamus estoit Prouençal) le fit constituer prisonnier, & nonobstant qu'il dit qu'il les auoit apportees de Paris, il fut condamné aux galeres. Il est dangereux de tenir des escrits qui parlent, quel doit estre l'Estat de la Republique, & ce qui y doit aduenir: mais sur tout de les faire courir parmy le peuple.

Que de discours diuers se sont faicts sur la mort subite de ce grand Roy, en d. s pays estranges, dont l'alliance auec la France consiste plustost en ceremonies exterieures, qu'en amitié; leur inimitié estát trop cogneuë par les effects : Mais quand on considerera les diuers attentats sur la vie de ce Prince depuis vingtsix ans en çà, & quand ils ont esté entrepris, on iugera aisement que ce dernier a esté forgé en la mesme boutique d'où les autres sont sortis.

En l'an 1584. lors que son ennemy vit qu'il estoit le presumptif heritier de la Couronne, le Capitaine Micheau vint des Pays bas-pour le tuer. *Cayer en son Histoire de la Paix*.

Estant paruenu à la Couronne 1589. par la mort du Roy Henry III. Rougemont fut solicité pour le tuër par le petit Feuillan. Ie l'ay veu prisonnier à Tours long temps : & pource que ledit Rougemont en auoit aduerty, il ne laissa d'auoir Arrest portant deffences de n'approcher le Roy de dix lieuës.

En l'an 1593. comme cest ennemy mortel de la grandeur de sa M. vit qu'il estoit reschappé de tant de batailles, & de sieges de villes, sans auoir respãdu vne goutte de son sang, ayant donné vne Trefue à son Royaume, & toutes les villes inclinants à le recognoistre, suscita Pierre Barriere pour le tuër, lequel fut executé à Meleun. Cela est rapporté par toutes les Histoires.

En l'an 1594. apres auoir reduit sous son obeyssance la plus grande partie des principales villes de la France, forcé Laon, chassé ses ennemis en Flandres, Iean Chastel l'entreprit iusques dans sa chãbre & en son Louure, & luy donna vn coup de cousteau dans la bouche, pensant luy ficher dans le col. Les Arrests de la Cour, toutes les histoires, & tant de miliers de persõnes qui sont encores en vie & l'ont veu executer à mort en sont de veritables tesmoins.

En l'an 1597. peu apres les Estats tenus à Rouen, & que sa Maiesté faisoit tant de preparatifs pour la guerre qu'elle dessignoit en Flandres, Dauesnes Flamand, & vn laquais du pays de Lorraine furent mis sur la rouë en place de Greue.

En l'an 1600. Mathieu en son Histoire de la Paix rapporte que deux assassins qui auoient entrepris sur sa Maiesté, au commencement de la guerre de Sauoye, furent recogneus, & que le Roy mesme ne voulut pas que l'on s'en saisit: Dieu les punira assez, dit-il, sans que ie m'en mesle.

Et bien que depuis sa M. ait vescu en Paix, & l'a procuree à tous ses voisins : cest ennemy n'a pas laissé depuis la guerre de Sauoye d'entreprendre encor plusieurs fois sur sa vie.

En l'an 1602. la conspiration du Mareschal de Biron: mais (ce qui est esmerueillable) paroles d'vn petit Moine, qui luy dit, *Si la Fin descouuroit leurs entreprises, qu'il auroit l'Enfer, & luy le Paradis.*

Il y a eu depuis encor diuerses entreprises sur la vie de sa Maiesté, entr'autres vne que Mr. de la Force descouurit il y a trois ans.

Mais apres auoir eschappé tant d'attentats & de perils : cest ennemy qui l'auoit si felonnement poursuiuy depuis tant d'annees, voyãt que ce grand Roy auoit empesché la guerre en Italie, procuré la Paix entre ses voisins, resolu de deffendre ceux que l'on vouloit despouiller de leur iuste succession, & assemblé vne armee pour faire tenir les plus puissans en leur deuoir : il est en fin venu à bout de son dessein. Pour voir clair en tant d'attẽtats, il n'est pas besoin d'auoir gueres bonne veuë. Ie ne diray pour fin de ce discours que la responce faicte à vn qui disoit, Loüez soit Dieu, le parricide est pris, on le tirera si bien qu'il confessera la verité. Ne le croyez pas, luy dit-on, qu'il confesse iamais rien quelque tourment que l'on luy donne: Iean Chastel & Pierre Barriere ont esté pris vifs, & si on n'a peu iamais descouurir d'eux, sinon leurs damnables opinions: Ce qui est aduenu, ainsi qu'il se verra cy apres. Voilà touchant ce que l'on a dit lors sur la mort du Roy, aduenüe au second des trois iours.

Quand au troisiesme iour, auquel le Roy à present regnant en son lict de Iustice declara la Royne sa mere Regente, ceux qui l'ont appellé le iour de la Reception du Roy en son Parlement, ou, la Proclamation du Roy au Parlement en presence de la Royne sa mere, se sont trompez : car les Roys de France ne sont esleus pour estre proclamez ou receus : ains le mort saisit le vif; son fils, ou le premier Prince de son sang.

Ce iour toutesfois sembla estre vn triomphe en l'hommage vniuersel des François à leur nouueau Roy: On voyoit plusieurs du peuple & les soldats depuis les Augustins iusques au Louure, comme sa Maiesté passoit sur le pont-neuf, pleurer & crier, *Viue le Roy*: En mesme temps les boutiques furent r'ouuertes, les gardes renuoyees aux faux-bourgs, contre l'opinion commune des estrangers qui estoient lors en Cour, vne si grande paix & tranquilité se veit dans Paris, qu'il ne s'en peut imaginer vne pareille; & en suitte par toutes les villes de France. Ceux qui s'estoient saisis de quelques places (pensant desià restre à la guerre) furent bien-heureux de iouyr de la Declaration du Roy sur la deffence du port d'armes, dont nous parlerons cy-apres.

Ce mesme iour depuis les dix heures du matin, iusques sur les six heures du soir, vne multitude innumerable de peuple fut veoir le corps du feu Roy gisant sur son lict la face descouuerte, vestu d'vn pourpoinct de satin blanc, auec vn bonnet de nuict de velours rouge chamarré de passement d'or : On entroit par la grand' salle dans sa chambre, & on en sortoit par sa belle gallerie : Puis il fut ouuert, embausmé, & mis en vn cercueil : Nous parlerons cy apres des ceremoniees qui s'obseruerent iusques à son enterrement. Tous ceux qui assisterent à ceste ouuerture voyans toutes les parties nobles de son corps si saines, & qu'il ne pouuoit mourir que d'vne extresme vieillesse, recommencerent leurs pleurs, & à detester vn si miserable parricide; & principalement quand ils veirent son petit cœur, le plus grand qui fust au monde, lequel tout sanglant estant mis dans vn bassin, fut baisé de tous les Seigneurs comme à l'enuy, & tel en auoit ses moustaches saigneuses qui se l'estimoit à grande gloire.

Messieurs les Princes de Condé, & Comte de Soissons, Princes du sang, n'estoient lors en Cour: cestuy-là pour quelques mescontentements estoit sorty de la France dés la fin de l'an passé, & estoit lors à Milan, où il en receut les nouuelles par les Lettres que Madame la Princesse de Condé sa mere luy manda: aussi tost il fit tenir des Lettres au Roy & à la Roine, pour se condouloir auec eux, de l'horrible assassinat commis à la personne du feu Roy son Seigneur, & leur tesmoigner l'extreme regret qu'il en auoit, auec offres de son tres-humble seruice: protestant qu'il auoit tousiours gardé à leurs Maiestez en paroles & en effects l'honneur & le respect que doit vn tres-humble subiet, & attendoit l'honneur de leurs commandements.

Pour Mr. le Comte de Soissons, il n'estoit sorty de Paris que cinq iours auparauant le Couronnement, & estoit allé en vne sienne maison prez Chartres: La Royne enuoya vers luy le Sr. de la Varenne l'aduertir de la mort du Roy, & de se rendre prez d'elle le plustost qu'il pourroit pour y seruir son Roy & l'Estat. A ceste nouuelle, la douleur le saisit telle-

tellemēt qu'il en demeura malade, & ne pût arriuer en Cour que le seiziesme de May. Le Duc d'Espernon & toute la Noblesse furent au deuant de luy.

Le 16. dudit mois Ranaillac fut conduit à la Conciergerie, car apres qu'il fut arresté prisonnier on l'auoit mené à l'hostel de Rais, où il fut enuiron deux iours gardé par des Archers; veu & recogneu de plusieurs. Du commencemēt on luy disoit qu'il n'auoit que blessé le Roy; à quoy il respōdoit qu'il sçauoit bien qu'il estoit mort veu le sang qu'il auoit veu à son cousteau, & l'endroit où il l'auoit frappé; mais qu'il n'auoit point de regret de mourir puis que son entreprise estoit venuë à effect, Et à ceux qui demandoient qui l'auoit meu à cest attentat, il respondoit, *Les Sermons que i'ay ouys, ausquels i'ay appris les causes pour lesquelles il estoit necessaire de tuer vn Roy.* Aussi sur la question, S'il estoit loisible de tüer vn Tyran, il en sçauoit toutes les deffaictes & distinctions, & estoit aysé à recognoistre qu'il auoit esté soigneusement instruit en ceste matiere: car en tout autre poinct de Theologie il estoit ignorant: & meschant, tantost disant vne chose, & puis la niant.

Le 17. de releuee il fut interrogé au Palais par M*rs*. le premier Presidēt de Harlay & Presidēt Potier, M*es*. Ieã Courtin & Prospere Boüin Cõseillers en la Cour: Il repond, Qu'il s'appelle François Rauaillac, natif d'Angoulesme, y demourant: aagé de trente-vn ou trente-deux ans: n'estoit point marié & ne l'auoit iamais esté, estoit Practicien, auoit employé sa ieunesse à soliciter des procez à Paris: où il estoit venu d'Angoulesme il y auoit enuiron trois sepmaines, auec volonté de tuer le Roy, pource qu'il n'auoit voulu (comme il en auoit le pouuoir) reduire ceux de la Religion pretendue Reformee à l'Eglise Catholique Apostolique & Romaine.

Enquis des autres raisons, dit, Qu'au precedent voyage qu'il estoit venu d'Angoulesme à Paris, (qui estoit peu apres Noël) il auoit eu intention de parler de ceste reduction de ceux de la Religion pretendue reformee à sa Maiesté, & auoit recherché tous les moyens qu'il auoit peu pour trouuer quelqu'vn qui le peust introduire pour luy en parler : Et pour ce faire, en parla à plusieurs personnes, sçauoir au Pere d'Aubigny Iesuiste, au Curé de S. Seuerin, au Pere S. Marie Magdelaine des Fueillans, depuis à des Aumosniers de Mr. le Cardinal du Perron, dont il ne sçauoit le nom, mais les recognoistroit bien s'il les voyoit. Que sur la fin de Ianuier il auoit ouy la Messe dudit Pere d'Aubigny en la maison des Iesuistes pres la porte S. Anthoine : apres laquelle vn frere conuers le fit parler audit Pere d'Aubigny pour luy donner à entendre plusieurs meditations & visions qu'il auoit euës durant les six semaines qu'il auoit porté l'habit des Feuillans, pour lesquelles visions ils l'auoient mis dehors de leur Religion, & osté l'habit.

Enquis de quelles visions il parla audit P. d'Aubigny, dit, Qu'ayant esté prisonnier à Angoulesme pendant qu'il y estoit retenu pour debtes, auoir eu des visions comme des sentiments de feu, de souffre & d'encens, & qu'estant hors de la prison le Samedy d'apres Noel, de nuict ayant faict sa meditation accoustumee, les mains iointes & pieds croisez dans son lict, auoir senty sur sa face couuerte & sa bouche, d'vne chose qu'il ne peut discerner, par ce que c'estoit l'heure de minuict : & estant en cest estat eut volonté de chanter les Cantiques de Dauid, commençant *Dixit Dominus &c.* iusques à la fin du Cantique, auec le *Miserere* & *De profundis* tout au long, & luy sembla que les chantant il auoit à la bouche vn trompette faisant pareil son que le trompette à la guerre. Le lendemain matin s'estant leué & fait sa meditation à genoux, recoligé en Dieu à la maniere accoustumee, se leue, s'assit en vne petite chaire deuant le fouyer, puis s'estant passè vn peigne par la teste, voyant que le iour n'estoit encor venu, apperçeut du feu en vn tison, s'acheue d'habiller, ferme vn morceau de serment de vigne, lequel ayant alliè auec le tison où estoit le feu, mit les deux genoux en terre, & se print à souffler, veit incontinent aux deux costez de sa face à dextre & à senestre, à la lueür du feu qui sortoit par le soufflement, des hosties semblables à celles dont l'on a accoustumè faire la Communion aux Catholiques en l'Eglise de Dieu. Et au dessous de sa face au droit de sa bouche voyoit par le costè vn roulleau de la mesme grandeur que celle que leue le Prestre à la celebration du seruice diuin à la Messe, dont il auoit fait reuelation audit d'Aubigny, qui luy fit responce qu'il ne se deuoit arrester à tout cela, craignoit qu'il eust le cerueau troublé, deuoit dire son chapelet, & prier Dieu, & s'estoit deu adresser à quelque grand pour parler au Roy.

Enquis, s'il a demandé audit P. d'Aubigny, qu'ayant eu des visions qui passoient sa puissance, comme mesmes de tuer les Rois, il s'en falloit confesser : a dit, que non: mais que ledit P. d'Aubigny luy auoit respondu qu'il deuoit oster tout cela de son esprit: Et qu'il ne l'auoit veu que ceste fois. Enquis pourquoy il s'estoit addressé audit P. d'Aubigny plustost qu'à vn autre, a dit, Pour la volonté qu'il auoit de se rendre Iesuiste, ou le prier de le faire remettre aux Fueillans : Mais que la premiere fois qu'il auoit esté à la maison des Iesuistes, n'ayant peu parler au P. d'Aubigny, vn des cõuers luy auoit dit, que l'on ne receuoit en leur maison ceux qui auoiẽt esté d'autre Religion. Plus que n'ayant peu parler au Roy, il retourna aux Iesuistes pour la seconde fois, en laquelle il parla audit P. d'Aubigny, & luy monstra vn petit cousteau auquel il y auoit vn cœur & vne Croix, luy disant, que le cœur du Roy deuoit estre porté à faire la guerre aux Huguenots.

Enquis qui l'auoit empesché en ce temps-là de parler au Roy: A dit, que ç'auoit estè le Grand Preuost, qui luy dit, que le Roy estoit malade. Et que deux iours apres rencontra sa Maiesté en son carosse pres les Innocents, luy auroit voulu parler s'escriant, Au nom de nostre Seigneur Iesus Christ, & de la sacree Vierge Marie, que ie parle à vous : mais qu'on le repoussa, & ne peut parler à elle. Ce que voyant il s'en retourna à Angoulesme, où il cõfera de ses visions & meditations auec F. Gilles Oziere, qui auoit esté peu auparauant Gardien des Cordeliers de Paris, auquel il dit qu'il voyoit bien que Nostre Seigneur vouloit reduire les Huguenots à la Religion Catholique : à quoy ledit Gardien luy auoit respondu, qu'il n'en falloit point douter. Plus, que le premier Dimanche de Caresme estant audit Angoulesme il se confessa à vn Cordelier (dont il ne sçauoit le nom) de cest homicide volontaire.

Enquis d'interpreter ce mot de *volontaire*: a dit, que c'estoit de s'en venir à Paris en intention de tuer le Roy : ce que neantmoins il ne dit pas à son confesseur, qui aussi ne luy demanda pas l'interpretation de ces mots. Qu'il auoit aussi perdu vn temps ceste volonté, mais que retournant à Paris, & deslors qu'il partit d'Angoulesme enuiron le iour de Pasques, elle le reprint.

Enquis qu'il a fait depuis son retour à Paris ; A dit, Qu'il y a logé aux cinq Croix au fauxbourg Sainct Iaques : & de là alla loger aux trois pigeons fauxbourg S. Honoré: où en y allant, il passa pour aller loger en vne hostellerie proche des quinze vingts, dont il fut refusé, à cause qu'il y auoit trop d'hostes : en laquelle il print vn cousteau sur la table, qu'il iugea propre pour en tuer le Roy, lequel il garda quelques quinze iours ou trois semaines dans vn sac en sa pochette : Pendant lesquels il se desista encor de sa volonté de tuer le Roy, print le chemin pour s'en retourner à Angoulesme, fut iusques à Estampes, où y allant rompit la pointe dudit cousteau de la longueur d'enuiron vn poulce à vne charette deuant le iardin de Chantelou : & estant deuant l'*Ecce homo* du fauxbourg d'Estampes, la volonté luy reuint d'executer son dessein de tuer le Roy: & ne pouuant plus resister à la tentation, reuint à Paris auec deliberation de le tuer, parce qu'il ne conuertissoit pas les Huguenots : Et aussi qu'il auoit entendu qu'il vouloit faire la guerre au Pape, & transferer le S. Siege à Paris. A ceste fin, qu'il refit la pointe de son cousteau auec vne pierre, Et attendit que la Roine fut couronnee & retournee en ceste ville, estimant qu'il n'y auroit pas tant de confuſion en la France le tuer apres le Couronnement, que ſi elle n'euſt pas eſté couronnee.

Luy ayant eſté remonſtrè, que depuis qu'il differoit, eſperant qu'il y auroit moins de diuiſion apres le Couronnement, il pouuoit aſſez iuger que le Couronnement ne feroit pas ceſſer tant de troubles que la mort du Roy en apporteroit : Adit, Qu'il ſe ſubmettoit à la puiſſance de Dieu.

Enquis où il auoit cherchè le Roy : A dit, Qu'il l'auoit cherché au Louure où il auoit eſtè pluſieurs fois depuis ſon deſſein, faiſant eſtat de l'y tuer ; & que Vendredy dernier entre les deux portes le voyant ſauter en ſon carroſſe, il l'auoit ſuiuy iuſques deuant les Innocents : & voyant ſon carroſſe arreſté par des charettes, ſa Maieſté au fonds tournant le viſage, & panché du coſté de Monſieur d'Eſpernon, il luy auoit donné dans le coſté vn coup ou deux de ſon couſteau paſſant ſon bras au deſſus de la rouë du carroſſe.

Enquis ce qu'il penſoit auoir faict par ceſt acte : A dit, Qu'il penſoit auoir fait vne grande faute, dont il en demandoit pardon à Dieu, à la Royne à Mr, le Dauphin, à la Cour, & à tout le monde qui en pouuoit receuoir preiudice.

Le couſteau luy eſtant repreſenté, trenchant des deux coſtez par la poincte, ayant le manche de corne de cerf, il le recogneut eſtre celuy duquel il auoit frappè le Roy, & qui luy auoit eſté à l'inſtant oſté par vn Gentilhomme qui eſtoit à cheual.

Remonſtré qu'il n'auoit eu du ſubiet de faire vn ſi meſchant & deſloyal, acte, auquel vray ſemblablement il auoit eſtè pouſſé d'ailleurs : A dit, Que perſonne quelconque ne l'auoit induit à ce faire, que le commun bruit des soldats qui disoient, Que si le Roy (qui ne disoit son conseil à personne) vouloit faire la guerre contre le Sainct Pere, qu'ils luy assisteroient & mourroient pour celà : à laquelle raison il s'estoit laissé persuader à la tentation qui l'auoit porté de tuer le Roy : parce que faisant la guerre contre le Pape c'estoit la faire contre Dieu: d'autant que le Pape estoit Dieu, & Dieu estoit le Pape.

Enquis du temps qu'il auoit ouy tenir ces propos aux soldats : A dit, Que c'estoit depuis qu'il estoit logè aux cinq Croix.

Remonstré que le pretexte qu'il prenoit estoit faux & mensonger, parce qu'il auoit dit s'estre mis en chemin pour retourner en son pays, ayant perdu la volonté, & qu'estant à Estampes il auoit repris la mesme volonté sur le discours des soldats : A dit, qu'il auoit auparauant parlé à eux, neantmoins il auoit changé de dessein, & qu'estant à Estampes se ressouuenant de ce que les Soldats luy auoient dit, il auoit repris la volonté.

Ayant demandè à veoir vn papier qu'il auoit lors de sa prise, où estoient peint les armes de France, & à costé deux Lyons, l'vn tenant vne clef & l'autre vne espee, Il dit, Qu'il l'auoit apporté d'Angoulesme auec ceste intention de tüer le Roy, surce qu'estant en la maison d'vn nommé Beliard il auoit entendu, que l'Ambassadeur du Pape auoit de sa part dit au Roy, que s'il faisoit la guerre il l'excommunieroit, & que sa Maiesté auoit fait response que ses predecesseurs auoient mis les Papes en leur throsne, que s'il l'excommunioit l'en depos-sederoit : Ce qu'ayant entendu il s'estoit resolu du tout de le tuer : Et à ceste fin auoit mis de sa main au dessus de ces deux lyons.

Ne souffre pas qu'on face en ta presence,
Au nom de Dieu aucune irreuerence.

Enquis si lors qu'il a prins le cousteau il auoit le manche qu'il a à present : a dit que non, & qu'il en auoit vn de Baleine, lequel s'estant rompu, y auoit faict mettre celuy de corne par le frere de son hoste nommè Iean Barbut, du Mestier de Tourneur, demeurant au faux-bourg S. Iacques : & qu'il ne luy parla point de ce qu'il en vouloit faire.

Enquis si ledit Belliard estoit de la Religion pretendue reformee: a dit que non, & qu'il estoit Catholique : toutesfois il tenoit ces propos, sur lesquels il auoit prins ceste resolution.

Remonstré que sur la parole d'vn homme seul, ny autrement ne deuoit prendre vne resolution si determinee & abominable: a dit, Qu'il s'estoit resolu de tuer le Roy, pour l'auoir ouy dire, non seulemẽt à cest hõme là, mais aussi à des soldats à Paris, entr'autres au sieur de S. Georges, Qui disoit, que si le Roy vouloit faire la guerre contre le S. Pere, il luy obeyroit, y estant tenu: & que s'il la faisoit mal à propos, cela tourneroit sur luy.

Luy estant representé vn cœur de Coton qu'il auoit quand il fut prins: a dit luy auoir esté baillé par Me. Guillebaut Chanoine d'Angoulesme, l'accusé estant malade, pour le guarir de la fiéure, luy disant qu'il y auoit vn peu de bois de la vraye Croix lequel auec le nom de Iesus sacré par les Peres Capucins, depuis l'a tousiours porté au col.

Ouuerture faicte dudit cœur en sa presence ne s'y est trouué aucun bois : a dit, que ce n'estoit pas luy qui estoit trompè, ains celuy qui le luy auoit baillé.

Enquis de ceux qu'il auoit frequentez depuis qu'il estoit reuenu en volonté d'executer son intention : a dit, qu'il ne frequentoit que des Religieux de son pays qui estoient aux Iacobins, où il alloit ouyr la Messe & Vespres.

Enquis quel propos il auoit eus auec eux & s'il leur auoit parlé de ses visions : a dit, qu'ouy leur faisant entendre ce qu'il auoit dit aux autres.

Enquis de la cognoissance qu'il auoit d'vn nommé Colletet, & des propos qu'ils auoient eus ensemble : a dit, qu'il ne le cognoissoit que pour auoir logé en mesme logis, & couché ensemble; Ne luy a parlé de son dessein.

S'il auoit communiqué auec d'autres Religieux : a dit que non, de ce dernier voyage.

S'il auoit communiqué auec vn Cordelier d'Angoulesme, à dit qu'ouy, & ne luy auoit parlé de son entreprise & imagination.

Remonstrè qu'il ne disoit la veritè, & qu'il luy auoit parlè de ses imaginations, & demandè aduis, Si celuy qui en auoit eu les deuoit declarer à son confesseur : a dit, qu'il n'en auoit parlè à celuy de son pays, mais bien à vn autre qu'il trouua proche du Bourg la Royne, lequel pour l'accez de l'accompagner, parce qu'il n'auoit cognoissance en ceste ville se logea en son logis, portoit des lettres de ses amis pour estre receu au Conuent, aussi luy portoit ses hardes, lequel Religieux se nommoit le Fevre.

Luy ayant estè remonstrè qu'il demandoit

pardon à Dieu, & que pour l'obtenir le vray moyen estoit recognoistre la verité : aussi que le pretexte par luy prins estoit si leger qu'il estoit fort vray-semblable qu'il auoit estè porté par quelqu'vn qui auoit intelligence au mal-heureux euenement dont tous les François ressentoient les effects. A dit, que depuis qu'il estoit prisonnier plusieurs personnes l'auoient incité à faire ceste recognoissance, mesmes Monsieur l'Archeuesque d'Aix, & plusieurs autres; Mais qu'il n'a esté poussè de personne quelconque que par sa volonté mesme : Et que quelque tourment qu'on luy face n'en dira autre chose : Que si le tourment le luy deuoit faire confesser, il en auoit receu assez par la question que luy auoit donnè vn Huguenot de son authoritè priuee : le tenant prisonnier à l'Hostel de Raiz, dont il auoit les os du pousse rompus.

Remonstré qu'il auoit estè choisi à faire cest acte comme organe à faire mal, Auoit toute sa vie estè meschant, outrageant pere & mere, & reduit à mendicitè : A dit, qu'il ne se trouueroit pas; Et que ses pere& mere sont encor viuants; qui diront tout le contraire : aussi tout le peuple : qu'il a bien estè accusè & condamnè, mais par faux tesmoins estant innocent. Voilà sa premiere interrogatoire, de laquelle lecture faicte, il y persista & signa ses responces.

Le lendemain dix-huictiesme dudit mois estant interrogè, a dit, qu'il estoit Practicien, & de present instruisoit la Ieunesse; son pere faisant la pratique, & sa mere separee d'auec le pere.

Derechef lecture faicte de ses interrogatoires

& refponces y a perfifté, fans vouloir adioufter ny diminuer, finõ, Qu'il auoit obmis qu'il a efté induit à executer fon entreprife, d'autant que le Roy n'auoit voulu que la Iuftice fuft faicte de l'entreprife faicte par les Huguenots de tuer tous les Catholiques le iour de Noel dernier, dont aucuns eftoient prifonniers encores dans Paris, fans qu'il en ait efté faict Iuftice, comme il auoit ouy dire à plufieurs perfonnes.

Remonftré que ce qu'il difoit eftoit faux, & qu'il n'auoit deu (quand il l'auroit ouy dire) y adioufter foy, n'y eftre induit à entreprendre vn acte fi mefchant & malheureux: a dit, Que c'eft vne des circonftances qui l'a aydé à la tentation.

Remonftré que c'eft par l'ayde, confeil, & induction d'autres: A dit, Qu'il n'y en a eu d'autres que luy mefmes.

Enquis s'il eftoit auec fes pere & mere: A dit, Qu'il eftoit auec fa mere, & non auec fon Pere, qui veut mal à fa mere & à luy.

Enquis dequoy il s'entretenoit: a dit, Qu'il auoit quatre-vingts efcoliers dont il gaignoit & de ce qu'il referuoit faifoit des voyages en cefte ville.

Si fes pere & mere auoient l'œil fur fes defportements: a dit que fon pere s'eft feparé d'auec eux, il y a plus de fix ans, qui ne vouloit bien à luy accufé, qui n'a efté qu'auec fa mere, laquelle a efté delaiffee auffi de fes filles, fœurs de luy refpondant.

Enquis fur fes moyens & commoditez: a dit, Que fes pere & mere viuoient d'aumofnes la plufpart, & luy accufé de ce qu'il gaignoit de fes efcoliers, auec ce que fes amis luy donnoient.

Enquis de ses amis : a dit, Que c'estoient les peres & meres de ses escoliers qui luy donnoient l'vn du lard, l'autre de la chair, du bled, & du vin.

Enquis pourquoy ayant ceste commodité de viure il ne s'y tenoit : A dit, Qu'il a creu qu'il falloit preferer l'honneur de Dieu à toutes choses.

Remonstré que l'honneur de Dieu n'estoit pas de tuer son Roy, mais que c'estoit vn acte du diable : A dit, Que c'est vne mauuaise tentation qui vient de l'homme par son peché, & non pas de Dieu.

S'il auoit pas horreur d'vn coup si abominable & preiudiciable à toute la France : A dit, Qu'il a desplaisir de l'auoir commis : *Mais parce qu'il est faict pour Dieu*, il luy fera la grace de pouuoir demeurer iusques à la mort d'vne bonne foy, vne esperance & parfaicte charité, & qu'il espere que Dieu est plus misericordieux, & sa Passion plus grande pour le sauuer que l'acte qu'il a commis pour le damner.

Remonstré qu'il ne pouuoit estre en la grace de Dieu apres vn acte si miserable : A dit, Qu'il espere que nostre Seigneur tout-puissant fera qu'il n'en arriuera autre inconuenient.

Remonstré qu'il ne deuoit esperer la misericorde de Dieu s'il ne recognoissoit la verité, & ne declarast ceux qui l'auoient poussé & persuadé à ceste meschanceté : a dit, Qu'il n'y a eu autre subiet que ce qu'il a cy deuant declaré au procez.

A qui il a declaré sa volontè, a dit, à personne.

Remonstré que sa qualité & cōdition estoit trop basse pour auoir eu ceste volonté, qu'il n'y ait estè conseillè & fortifiè : a dit, Qu'il n'y a eu personne.

Remonstrè qu'il estoit d'autant plus miserable s'il n'auoit suiuy conseil & aduis de quelqu'vn,

& qu'il euſt ſeul entrepris vn tel coup; A reſpondu, Que la cauſe pourquoy il n'a declaré ſon intention aux Preſtres & hõmes ayans charges d'ames, a eſté pour eſtre tout certain que s'il leur euſt declaré qu'il vouloit tuer le Roy, c'eſtoit leur deuoir de ſe ſaiſir de ſa perſonne, & le rendre entre les mains de la Iuſtice; d'autant qu'en ce qui concerne le public les Preſtres ſont obligez de reueler en ce cas le ſecret: occaſion qu'il ne l'a oncques voulu declarer à perſonne, craignant qu'on le feiſt auſſi toſt mourir de la volonté que de l'effect qu'il auoit commis, dont il requeroit pardon à Dieu.

Remonſtré que l'Egliſe commandoit declarer les mauuaiſes penſees & s'en confeſſer, autrement l'on eſtoit en peché mortel: A dit, Qu'il recognoiſſoit cela.

Remonſtré qu'il eſtoit menteur, & qu'il s'eſtoit deſcouuert à vn Cordelier, luy ayant demandé quand l'on auoit des viſions des choſes eſtranges, comme vouloir tuer vn Roy, s'il s'en falloit confeſſer: A dit, Que la verité eſt, qu'il a fait ceſte conſultation, mais n'a dit qu'il le vouloit faire.

Enquis auec qui il auoit faict ceſte conſultation, A dit, Au ieune enfant le Fevre Cordelier, auquel il auoit demandé, ſi ayant vne tentation comme de tuer vn Roy, s'il s'en confeſſoit au Penitencier il ſeroit tenu le reueler: dont ledit le Fevre interrompu par d'autres Cordeliers, ne luy en auoit rendu de reſolution qu'il aye memoire.

Remonſtré qu'il ne diſoit verité, & que ledit Cordelier luy feit reſponſe: s'il l'en vouloit croire: A dit, Qu'il le veut croire: & penſe bien que s'il luy a donné ſolution, c'eſt, qu'il le faudroit reueler:

mais fut interrompu, & ne luy donna responce: Aussi ne luy proposa comme ayant l'accusé *eu l'intention*; ains luy fit vne proposition en general, *Si vn homme l'auoit.*

Remonstré qu'il n'auoit recogneu la verité, & qu'il luy auoit declaré sa volonté, a dit, Qu'il n'y auoit aucune apparence, pource qu'il s'est addressé tant à seculiers qu'autres, mesmes à vn Escuyer de la Royne Marguerite nommé de Ferrare, auquel il a declaré ses visions, le priant le faire parler au Roy, dont il luy auroit respondu; Qu'il falloit voir auparauant s'il estoit vn sainct personnage & homme de bien: A quoy luy accusé luy auoit repliqué, Qu'il pensoit estre assez homme de bien pour parler au Roy. Et peut estre s'il eust parlé à sa Maiesté, il eust perdu sa tentation. Par apres qu'il s'addressa au Secretaire de madame d'Angoulesme qui luy dist qu'elle estoit malade: & encores chez Mr. le Cardinal du Perron; où on luy dit, qu'il eust mieux faict de se retirer en sa maison.

Remonstré que c'estoit bon conseil qu'il deuoit suiure: A dit, Qu'il est vray: mais qu'il a esté si imbecile que le Diable l'a faict tomber en la tẽtation.

Remonstré qu'il y en a d'autres dont le Diable s'est serui à le tenter: a dit, Que iamais homme ne lui en auoit parlé.

Remonstré qu'il ne pouuoit esperer la grace de Dieu sans descharger sa conscience: a dit Qu'il a la crainte, mais aussi esperance en la grace de Dieu.

Remonstré qu'il ne la peut esperer qu'en declarant la verité: a dit, Que s'il auoit esté induit par quelqu'vn de la France, ou par estranger, qu'il fust tant abandonné de Dieu que de vouloir mourir ſans le declarer : il ne croiroit pas eſtré ſauué, ny qu'il y euſt de Paradis pour lui, parce que, *abiſſus abiſſum*, &c. comme il a appris des predicateurs de Noſtre Seigneur, qu'vn abiſme de peché en attiroit vn autre, partant que ce ſeroit redoubler ſon offence. Que le Roi ſpecialement, la Roine, & toute la maiſon de France, les Princes, la Cour, la Nobleſſe, & tout le peuple ſeroit porté à ſon occaſion offencer Dieu, leur eſprit demeurant en inquietude perpetuelle, ſoupçonnant iniuſtement tantoſt l'vn tantoſt l'autre de leurs ſubiects, leſquels ie ne crois pas auoir eſté ſi mal aduiſez d'auoir iamais penſé d'eſtre autres que fidelles à leur Prince.

Remonſtré qu'ayant ceſte croyance il doit tant pluſtoſt declarer qui l'a perſuadé : A dit, Que iamais Eſtranger, François, ny autre, ne la conſeillé, perſuadé, ny parlé, comme luy accuſé de ſa part n'en auoit parlé à perſonne : Ne voudroit eſtre ſi miſerable que de l'auoir faict, pour autre que le ſubiet qu'il nous a declaré, *Qu'il a receu que le Roy vouloit faire la guerre au Pape.*

Remonſtré qu'il a prins vn faux pretexte, A dit, Qu'il en a deſplaiſir, ſuppliant tout le monde de croire que tout eſt venu de luy accuſé, n'en regarder ny de l'œil, ny de l'ame perſonne de mauuaiſe volonté.

Enquis s'il auoit veu le Couronnement Ieudy dernier à ſainct Denis, & s'il auoit ſuiuy le Roy : a dit, Que non ; & que la derniere ſepmaine il n'auoit pas paſſé ſainct Iean en Greue, & le Pont noſtre Dame,

S'il auoit eu des caracteres, & qui luy en auoit baillé : A dit, Qu'il croiroit faire mal s'il en auoit.

Lecture faicte il persista en toutes ces responces, & signa Rauaillac. Que tousiours en mon cœur Iesus soit le vaincueur.

Le P. d'Aubigny estãt mãdé ce mesme iour, ledit Rauaillac le recogneut deuant Mrs les Commissaires pour estre celuy qu'il auoit veu dire la Messe à l'Eglise des Iesuistes en la ruë S. Anthoine, apres Noel dernier, lors qu'il l'alla chercher ayant entendu qu'il estoit amy de Frere Marie Magdelaine Feuillant, pour le prier le faire receuoir aux Feuillans: & à l'issue de la Messe parla à luy par le moyen d'vn Frere conuers, luy declara qu'il auoit eu de grandes visions & imaginations, Que le Roy deuoit reduire ceux de la Religion pretendue reformee, & monstra audit Pere d'Aubigny vn lopin de cousteau où il y auoit vn cœur & vne croix, Croyant que le Roy deuoit conuertir ceux de la Religion pretendue reformee à la Catholique & Romaine. A quoy ledit P. d'Aubigny dit que tout cela estoit faux, & n'auoir iamais veu ledit Rauaillac qui sceust.

Ledit Rauaillac luy dit lors, ce que ie dis est vray aux enseignes que me donnastes vn sol que vous demandastes à vn qui estoit là: Et le Pere d'Aubigny luy dit, Cela est encor faux, car iamais nous ne donnons d'argent, & n'en portons point. Plus dit à Rauaillac qu'il estoit fort meschant, & qu'apres auoir faict vn si meschant acte il ne deuroit accuser personne à faux, ains se contenter de ses pechez sans estre cause de cent mille qui arriueroient.

Rauaillac admonesté s'il veut reprocher le Pere d'Aubigny, le faire presentement: a dit Que non & qu'il le tenoit pour homme de bien, bon Religieux,

ligieux, & le vouloir croire.

Pareillement ledit d'Aubigny aduerty reprocher, & de l'ordonnance qu'il n'y seroit plus reçeu si presentement il ne le faisoit : Adit, Qu'il ne vouloit alleguer autres reproches, sinon, que c'estoit vn meschant, qui mentoit impudemment.

Lecture faicte de la deposition, & responces dudit P. d'Aubigny en presence dudit Rauaillac, ledit P. d'Aubigny les soustint estre veritables.

Ledit Rauaillac soustint au contraire, qu'il auoit communiqué audit d'Aubigny, le fut trouuer sortant du Louure, & luy dit comme il auoit eu des tentations qui estoient telles, Qu'estant en prison faisant ses meditations par la licence de frere Marie Magdelaine, auoit senty des puanteurs de souffre & feu aux pieds & mains qui demonstroient le Purgatoire, contre l'erreur des Hereticques, auec des visions de sainctes Hosties aux deux costez de sa face ayant auparauant chanté les Cantiques de Dauid (*& tout ce qu'il auoit respondu en sa premiere interrogatoire cy dessus:*) à quoy ledit P. d'Aubigny luy auoit fait responce, Que luy Rauaillac se deuoit adresser à quelque Grand pour en aduertir sa Maiesté: Toutesfois puis qu'il ne l'auoit pas fait, qu'il estoit à propos à luy Rauaillac s'arrester à prier Dieu : croyant que c'estoit plus imaginations que visions, qui procedoient d'auoir le cerueau troublé, comme sa face demonstroit ; deuoit manger de bons potages, retourner en son pays, dire son chappellet, & prier Dieu. Surquoy ledit P. d'Aubigny repliqua & dit ausdits sieurs Commissaires, que c'estoient toutes resueries, faulsetez & menteries.

Lecture des interrogatoires & responces dudit

Rauaillac de ce qui cōcerne ledit d'Aubigny faicte, luy present, il persiste en ses responses, & les soustint veritables. Et ledit d'Aubigny dit, que tout ce que ledit Rauaillac auoit mis en auant contre luy estoit faux,

Et sur ce ledit Rauaillac enquis derechef a dit, qu'il n'auoit iamais veu ledit P. d'Aubigny que ceste fois.

Lecture faicte ont persisté & signé.

Le 19. dudit mois du matin, ledit Rauaillac admonesté par lesdits sieurs Commissaires de recognoistre qui l'auoit induit & porté à tuer le Roy: A dit, Que ce qu'il luy reste a declarer est vne nüe intention, & desir qu'il a de se releuer du peché que commet tout le peuple à son occasion, se persuadant & se laissant transporter à leur opinion qu'il a esté induit à tuer le Roy par argent, ou par des ennemis de la France, ou des Roys & Princes estrangers desireux de s'agrandir, comme est trop plus que communément le desir des Roys, & des grands Potentats de la terre, sans considerer si la raison pourquoy ils se resouldent à faire la guerre est conforme à la volonté de Dieu; ou à vn desir de s'approprier de la terre d'autruy iniustemēt: Mais que la verité est, qu'il n'a estè induit ny persuadè par aucun qui soit au monde. Et que si tant estoit, que celà fust vray, qu'il eust esté si abominable que d'auoir consenti à vn tel acte par argènt, ou en faueur des estrangers, il l'eust recogneu de prime face deuant la Iustice de Dieu, & deuant laquelle il respond maintenant la verité: Mais qu'il prie la Cour, la Royne & tout le peuple de croire qu'il sent son ame deschargee de la faute qu'ils commettent ordinairement de penser qu'autre que luy l'aye porté à commettre l'homicide qu'il a tousiours confessè: & pource les supplie de cesser l'opinion qu'ils en ont, pource que ce peché tombe contre lui, pour les auoir laissez en ceste incertitude, ny aiant personne pour iuger du faict, que lui, & tout ce qu'il a confessè.

Remonstré qu'il n'estoit vrai-semblable qu'il eust attenté à la personne sacree du Roy qu'il sçauoit estre l'oingt de Dieu veu qu'il n'auoit reçeu ny senti iamais incommoditè en sa personne, ny en ses biens, de commandement ou ordonnance qui fust venue de sa M. & qu'il falloit qu'il eust estè poussè d'ailleurs, aidè, & moienné, pource qu'il estoit pauure & necessiteux, fils d'vn pere & mere qui estoient à l'aumosne: A dit, Que la Cour a assez d'argument suffisant par les interrogatoires & responces au procez, Qu'il n'y a nulle apparence qu'il ait estè induit par argent, ou suscité par gens ambitieux du sceptre de France: car si tant eust estè qu'il y eust estè porté par argent ou autrement, il semble qu'il ne fust pas venu iusques à trois fois & à trois voiages expres d'Angoulesme à Paris, distant l'vn de l'autre de cent lieuës, pour donner cōseil au Roi se renger à l'Eglise Catholique, Apostolique, & Romaine, ceux de la Religion pretēduë reformee, gens du tout contraires à la volonté de Dieu & de son Eglise. Par ce que celui qui se laisse ainsi malheureusement corrompre par auarice pour assassiner son Prince, ne va pas l'aduertir comme il a fait par trois diuerses fois, ainsi que le Sr. de la Force Capitaine des gardes a recogneu depuis l'homicide commis, qu'il l'auoit veu dans le Louure, & luy accusé l'auoit prié instāment le faire parler au

Roy. Aussi que ledit sieur de la Force luy fit responce qu'il estoit vn Papault & Catholique à gros grain, luy disant, s'il cognoissoit Monsieur d'Espernon, dont luy accusé respondit qu'oüy, & qu'il estoit Catholique &c. Mais que lors qu'il prit l'habit au Monastere sainct Bernard, l'on luy donna pour pere spirituel frere François de S. Pere, & par ce qu'il estoit Catholique Apostolique & Romain, desiroit tel viure & mourir, suppliant ledit de la Force le faire parler au Roy, d'autant qu'il ne pouuoit & n'osoit declarer la tentation qui dez long temps le solicitoit, laquelle il vouloit dire à sa Maiesté à fin de se desister tout à fait de ceste volonté mauuaise.

Enquis si deslors qu'il fit ses voyages pour parler au Roy de faire la guerre à ceux de la Religion pretenduë Reformee, il auoit protesté, au cas que sa Maiesté ne voulust accorder ce dont il le supplioit, de faire le mal-heureux acte qu'il a commis: A dit, que non : & s'il l'auoit proietté s'en estoit desisté : & encor' qu'il estoit expedient de luy faire ceste remonstrance, plustost que le tüer.

Remonstré qu'il n'auoit pas changé sa mauuaise intention, par ce que depuis le dernier voyage qu'il a fait à Angoulesme le iour de Pasques, il n'auoit cherché les moyens de parler au Roy, qui demonstroit assez qu'il estoit party en ceste resolution de faire ce qu'il auoit faict : a dit qu'il estoit veritable.

Enquis si le iour de Pasques & le iour de son partement il auoit faict la saincte Communion : A dit que non, & qu'il l'auoit faicte le premier Dimanche de Caresme : Mais neantmoins qu'il feit celebrer le S. sacrifice de la saincte Messe en l'Eglise S. Paul d'Angoulesme, sa parroisse, comme se recognoissant indigne d'approcher ce tres-sainct & tres auguste Sacrement plein de mysteres des incomprehensibles vertus, par ce qu'il se sentoit encores vexé de ceste tentation de tuer le Roy, & qu'en tel estat il ne se vouloit approcher du precieux corps de son Dieu.

Remonstré puis qu'il se sentoit indigne de ce mystere, qu'il a dit incomprehensible, qu'elle deuotion il pouuoit auoir à ce S. Sacrifice celebrè par le Prestre, auquel tous Chrestiens participent & reçoiuent spirituellement ce que celuy qui consacre reçoit reellement: Sur ce est demeuré pensif; & ayant vn peu pensè, a dit, Qu'il estoit bien empesché à respondre à ceste remonstrance. Puis apres a dit, se ressouuenir que l'affection qu'il auoit au S. Sacrement de l'Autel luy auoit fait faire, pource qu'il esperoit que sa mere allant receuoir son Dieu en ce Sacrifice qu'il faisoit faire, il seroit participant de sa Communion, la croyant depuis qu'il est au monde estre portee d'vne plus religieuse affection enuers son Dieu que luy accusè, c'est pourquoy il pria lors Dieu: Et en disant ces dernieres paroles, il ietta plusieurs pleurs & larmes.

Remonstré qu'il ne pouuoit auoir de reuerence ny de creance à la Saincte Communion & Sacrifice de la Messe, parce que de long temps il estoit fait enfant du Diable, inuoquoit les Demons qu'il auoit faict venir deuant luy estant loge à Paris il y a plus de quatre ans: A dit, que non.

Enquis s'il auoit cogneu vn nomme du Bois de Limoges, & s'ils auoient logé ensemble à Paris, & couché en mesme chambre: A dit, qu'ouy, deuant le Pillier verd, rue de la Harpe au logis ou a esté l'enseigne des Rats.

S'il vouloit croire ledit du Bois de ce qu'il diroit: A dit, qu'ouy.

Si estant couché auec ledit du Bois il ne feit pas vne coniuration inuoquant les Demons, & en quelle forme: A dit, que tant s'en faut que ce qu'on luy demandoit fust veritable, qu'au contraire ils n'estoient couchez en mesme chambre, ains en vn grenier au dessus, dans lequel estant enuiron l'heure de minuict, fut prié & requis plusieurs & diuerses fois par iceluy du Bois de descendre en sa chambre, Criant ledit du Bois par trois fois, *Credo in Deum, Rauaillac mon amy, descendez ça bas*, en s'exclamant, *Mon Dieu ayez pitié de moy*: Alors luy accusé voulut descendre pour voir qui le mouuoit à implorer son secours de la façon, & auec telles acclamations. Mais lesdites personnes couchees auec luy Rauaillac ne luy voulurent permettre pour la crainte & frayeur qu'ils eurent: de sorte qu'il ne descendit pour parler audit du Bois. Que long temps apres que ledit du Bois luy dit, qu'en la chambre au dessous de celle où estoit luy accusé, il auoit veu vn chien noir d'excessiue grandeur & fort effroyable, qui s'estoit mis les deux premiers pieds sur le lict où seul il estoit couché, dont il eut telle peur de ceste vision qu'elle l'auoit meu à faire telles exclamations, & d'appeller luy accusé pour luy tenir compagnie en sa peur. Ce qu'ayant entendu il auoit le lendemain matin donnè aduis audit du Bois, que pour renuerser ses horribles visions, il deuoit auoir recours à la Celebration du Sainct Sacrement de l'Autel, faisant dire la Saincte Messe pour attirer la grace de Dieu, & le preseruer des visions de Satan ennemy commun des hommes.

Remonstré qu'il n'y auoit apparence que ledit du Bois l'ait appellé d'enhaut, & qu'il n'eust ouy sa voix: A dit, que c'est chose triuiale, commune, & l'vne des proprietez de la voix, monter en haut, & que ce qu'il auoit respondu sur ce subiect seroit attesté par ceux qui estoient en la chambre où il estoit couché, qui l'empescherent de descendre & parler audit du Bois, qui estoient l'hostesse de la maison, Marie Moisneau, & vne sienne cousine Ieanne le Blond lesquelles estoient en la chambre ou luy accusé estoit.

Remonstré qu'il n'a point eu de volonté de changer son mal-heureux dessein ne voulant receuoir la Communion le iour de Pasques, que c'eust esté le moyen de se diuertir, duquel moyen n'ayant vsé, esloigné de la Saincte Communion, il a continué en sa mauuaise entreprise: A dit, que ce qui l'empescha de Communier fut qu'il auoit prins ceste resolution le iour de Pasques venir tuër le Roy, Ne voulant pour ceste raison Communier reellement & de faict au precieux Corps de Nostre Seigneur, mais auroit ouy la Saincte Messe auant que partir, croyant que la Communion reelle que sa mere faisoit ledit iour, estoit suffisante pour elle & pour luy: Et aussi requit à Dieu lors, requerra maintenant, & iusques à sa mort, qu'il soit faict participant de toutes les Sainctes Communions qui se font par les Religieux, Religieuses, sœurs & autres seculiers, qui sont de l'Eglise Catholique, Apostolique & Romaine, communians en la foy de nostre mere saincte Eglise le precieux corps de Noſtre Redempteur, Que la reception qu'ils en font luy ſoit attribuee: comme croyant eſtre l'vn des membres auec eux en vn ſeul Ieſus Chriſt.

Remonſtré que luy ayant ceſte meſchante intention de commettre ceſt acte, il eſtoit en danger, de damnation, ne pouuoit participer à la grace de Dieu, & Communion des fidelles Chreſtiens, tant qu'il auroit ceſte mauuaiſe volonté: dont ſe deuoit departir pour eſtre en la grace de Dieu, comme Catholique & fidelle Chreſtien qu'il ſe veut faire croire: A dit, qu'il ne faict pas de difficulté qu'il n'ait eſté porté d'vn propre mouuement & particulier contraire à la volonté de Dieu autheur de tout bien & veritè, contraire au Diable pere de menſonge: Mais que maintenant à la remonſtrance que leſdits ſieurs Commiſſaires luy faiſoient, Il recognoiſſoit qu'il n'a peu reſiſter à ceſte tentation, eſtant hors du pouuoir des hommes de s'empeſcher du mal: Et qu'à preſent qu'il a declaré la veritè entiere ſans rien retenir & cacher, eſperoit que Dieu miſericordieux luy feroit pardon de ces pechez, eſtant plus puiſſant pour diſſoudre le peché moyennant la confeſſion & abſolution ſacerdotale, que les hommes pour l'offencer. Priant la ſacree Vierge Marie: Mr. S. Pierre, Mr. S. Paul, Mr. S. François, en pleurant: Mr. S. Bernard, & toute la Cour Celeſte de Paradis, requerir & eſtre ſes Aduocats & Interceſſeurs enuers la Sacree Maieſté afin qu'il impoſe ſa Croix entre ſa mort & iugement de ſon ame & l'Enfer. Par ainſi requiert & eſpere eſtre participant des merites de la Paſſion de Noſtre Seigneur Ieſus Chriſt, le ſuppliant bien humblement luy faire la grace qu'il demeure aſſociè aux merites de tous les thresors qu'il a inferez en la puissance Apostolique, lors qu'il a dit, *Tu es petrus & super hanc Petram*, *&c.*

Lecture estant faicte de l'interrogatoire cy dessus: il persista ausdites responces, & signa.

Le vingt-septiesme dudit mois, ledit Rauaillac estant amené à la leuee de la Cour dans la chambre de la Beuuette, on luy commanda de se mettre à genoux, & puis le Greffier luy prononça son Arrest en presence de M*rs*. les Presidents & plusieurs des Conseillers dont voicy la teneur.

VEV par la Cour, les Grand'Chambre, Tournelle & de l'Edict assemblees: le procez criminel faict par les Presidents & conseillers à ce commis, à la requeste du Procureur general du Roy, à l'encontre de François, Rauaillac, Praticien de la ville d'Angoulesme, prisonnier en la Conciergerie du Palais: Information, interrogatoire, confessions, denegations, confrontations de tesmoings, conclusions du Procureur general du Roy: oy & interrogé par ladite Cour, sur les cas à luy imposez: procez verbal des interrogatoires à luy faictes à la question, à laquelle de l'ordonnance de ladite Cour auroit esté appliqué le 25. de ce mois, pour la reuelation de ses complices, tout considerè. DIT A ESTE', que ladite Cour a declaré & declare ledit Rauaillac deuëment attaint & conuaincu du crime de leze-Maiesté diuine & humaine, au premier chef, pour le tres-meschant, tres-abominable, & tres-detestable parricide, commis en la personne du feu Roy HENRY IIII. de tres-bonne & tres-loüable memoire. Pour reparation duquel l'a condamnè & condamne faire amende honorable deuant la principale porte de l'Eglise de Paris, où il sera mené & cõduit dans vn tumbereau, là nud en chemise, tenant vne torche ardente du poids de deux liures, dire & declarer, que mal-heureusement & proditoirement il a commis ledit tresmeschant, tres-abominable, & tres detestable parricide, & tué ledit Seigneur Roy de deux coups de cousteau dans le corps, dont se repent, demande pardon à Dieu, au Roy, & à Iustice, de la conduit à la place de greve, & sur vn eschafaut qui y sera dressé, tenaillé aux mammelles, bras, cuisses, & gras des iambes, sa main dextre y tenant le cousteau duquel a commis ledit parricide ards & bruslez de feu de souffre, & sur les endroits où il sera tenaillé ietté du plomb fondu, de l'huille boüillante, de la poix-raisine bruslante, de la cire & soulphre fondus ensemble. Ce fait, son corps tiré & desmembré à quatre cheuaux, ses membres & corps consommez au feu, reduits en cendres, iettees au vent. A declaré & declare tous & chacuns ses biens acquis & confisquez au Roy. Ordonné que la maison où il a esté nay sera desmolie, celuy à qui elle appartient prealablement indemnisé, sans que sur le fonds puisse à l'aduenir estre faict autre bastiment. Et que dans quinzaine apres la publication du present Arrest à son de trompe & cry public en la ville d'Angoulesme, son pere & sa mere vuideront le Royaume, auec deffences d'y reuenir iamais à peine d'estre pendus & estranglez, sans autre forme ny figure de procez. A fait & fait deffenses à ses freres, sœurs, oncles, & autres, porter cy-apres ledit nom de Rauaillac, leur enioint le changer en autre sur les mesmes peines. Et au substitud du Procureur general du Roy faire publier & executer le present arrest, à peine de s'en prendre à luy. Et auant l'execution d'iceluy Rauaillac, ordonné qu'il sera derechef appliqué à la question, pour la reuelation de ses complices. Signé, *Voysin*.

Suiuant ledit Arrest pour la reuelation de ses complices, il fut appliqué à la question des brodequins: ce qui s'y passa est sous le secret de la Cour.

Au 3. coing il demeura comme pasmé, & luy ayant esté mis du vin à la bouche ne le peut receuoir, la parole luy faillant il fut relasché, ietté sur luy de l'eau: puis on luy fit prendre du vin. La parole reuenuë on le mit sur vn matelas, où il fut iusques à midy, que la force reprise l'executeur le conduit à la Chappelle & l'y attacha: puis on luy bailla à disner. Auant que les Docteurs Filsac & Gamache, ordonnez pour l'assister entrassent en Conference auec luy, le Greffier l'admonnesta de son salut par la nuë recognoissance de la verité, Qui l'auoit poussé, excité, & fortifié ou induit à ce qu'il auoit commis, & de si long temps proietté qu'il n'y auoit apparence qu'il eust conçeu & entrepris luy seul, & sans en auoir communiqué : A dit, qu'il n'estoit si miserable de retenir s'il sçauoit plus que ce qu'il auoit declaré : sçachant qu'il ne peut auoir la misericorde de Dieu, qu'il attend, s'il retenoit à dire: & n'eust pas voulu endurer les tourments qu'il auoit reçeus, s'il sçauoit dauantage, qu'il l'eust declarè : bien auoit-il fait vne grande faute, ou la tentation du Diable l'auoit porté: Prioit le Roy, la Royne, la Cour, & tout le monde de luy pardonner: puis pria Dieu que son corps portast la penitence pour son ame : Plusieurs fois admonesté par ledit Greffier & ne faiſant que repeter ce qu'il auoit dit, il le laiſſa aux Docteurs pour faire ce qui eſtoit de leur charge.

Peu apres deux heures le Greffier mandé par les Docteurs, ils luy dirent que le condamné les auoit chargez de le faire venir, pour luy dire & ſigner comme il entendoit que ſa confeſſion fuſt reuelee, meſmes imprimee, àfin qu'elle fuſt ſçeuë par tout: Laquelle confeſſion iceux Docteurs declarerent eſtre, Qu'autre que luy Rauaillac n'auoit faict le coup: n'en auoit eſté priè, ſolicitè, ny induit par perſonne, ny ne l'auoit communiqué: Recognoiſſant, comme il auoit faict à la Cour, auoir commis vn grande faute, dont il eſperoit la miſericorde de Dieu plus grande qu'il n'eſtoit pecheur, & qu'il ne ſ'y attendroit, ſ'il retenoit à dire.

Sur ce le Greffier derechef l'admoneſta de recognoiſtre la verité pour ſon ſalut, Et Rauaillac auec ſerment, luy dit, Qu'il auoit tout dit: Que perſonne du monde ne l'auoit induit: & n'en auoit parlé ny communiquè à autres qu'à ceux qu'il auoit nommez au procez.

Sur les trois heures on le tira de la Chappelle pour aller au ſupplice, mais depuis la chappelle iuſques à la porte de la conciergerie, les priſonniers en multitude & confuſion commencerent auec iniures à crier apres luy, les vns l'appellant meſchant traiſtre: & les autres, meurtrier & vilain: aucuns ſe voulurent ietter ſur luy pour l'offencer, & l'euſſent faict, ſi les Archers & autres Officiers de la iuſtice preſents pour la main-forte & en armes, ne les en euſſent empeſchez.

Sortant de la Cõciergerie pour mõter au tumbereau, des que le peuple (qui estoit en si grãd nombre dans la Cour du Palais, q ue la place estoit difficile aux Archers & officiers de la Iustice) le veid, il se meit à c ier, les vns le meschant, les autres parricide, les autres traistre-chien, les autres le meurtrier, & autres paroles d'indignation & opprobre: plusieurs mesmes s'efforcerent de l'offencer & se ietter sur luy, ce qu'ils eussent fait sans les Archers qui les empescherent. Apres vn long *Paix-là*, & l'Or-escoutez de par le Roy (dit par trois fois) on se teut pour escouter l'Arrest : mais à ces mots, *Tué le Roy de deux coups de cousteau*, tout le peuple recommença les mesmes cris à plus haute voix, & les mesmes opprobres, ce qui fut continuè iusques deuant l'Eglise Nostre Dame par le peuple de tous sexes & aages qui estoit le long des rües, aux boutiques, & aux fenestres, & durant mesmes la lecture de l'Arrest, & qu il feit amende honorable : Puis il fut conduit à la Gréve, receuant par les chemins les mesmes iniures & clameurs d'indignation, mesmes plusieurs tant hommes que femmes se voulurent se ietter sur luy dans le tumbereau, & l'eussent faict s'ils n'en eussent esté retenus par les Archers.

Le cry faict à la Greve, auant que de descendre du tumbereau pour monter sur l'eschaffaut, il pria le Roy, la Royne, & tout le monde de luy pardonner la grande faute qu'il auoit faite, & que l'on priast Dieu pour luy : Mais le peuple reçommença ses clameurs d'iniures & indignitez contre luy.

Montè sur l'eschaffaut apres que les Docteurs

leurent exhorté, & faict ce qui estoit de leur profession, le Greffier d'abondant l'admonesta qu'en finissant sa vie, il pensast à son salut, par la nuë verité : à quoy il ne voulut rien dire, que ce qu'il auoit dit au precedent.

Le feu mis à son bras tenant le cousteau, il s'escria à Dieu, & plusieurs fois dit *Iesus Maria*; puis en le tenaillant il reitera lesdits cris & prieres : faisant lesquelles on l'admonesta plusieurs fois à recognoistre la verité, mais il ne dit que ce qu'il auoit dit au precedent : dont le peuple auec grande rumeur reçommença à crier & repeter les susdits opprobres & iniures, disant, qu'il le falloit là laisser languir. Le plomb fondu & l'huille que l'on iettoit par interualle sur ses playes où il auoit esté tenaillé le feirent fort hautement crier.

Le Greffier ayant dit aux Docteurs qu'ils feissent les prieres accoustumees, & chantassent le *Salue*, se descouurirent, & les commencerent : mais aussitost le peuple en tourbe & confusion cria contre eux, disant qu'il ne falloit prier pour vn tel meschant parricide, & autres paroles semblables ; tellement que lesdits Docteurs furent contraints de cesser : Et lors le Greffier luy remonstra, comme la grande indignation du peuple, estoit le iugement contre luy, qui l'obligeoit à se disposer de tant plus à dire la verité : *Il n'y a que moy qui l'aye faict*, luy respondit-il.

Puis l'executeur commença à faire tirer les cheuaux enuiron demie-heure, & par interuale estans arrestez, Rauaillac encor enquis & admonesté de dire la verité, perseuera en ses denegations : Lors le peuple de toutes qualitez, qui estoit proche &

loing continua contre luy lesdites clameurs, & pour plusieurs tesmoignages du ressentiment qu'ils auoient de la mort du Roy, se meirent mesmes à tirer les cordes auec grande ardeur; Vn Gentil-homme proche de l'eschaffaut voyant qu'vn des cheuaux qui tiroient estoit recreu, descendit de dessus le sien, & le feit mettre en la place du recreu pour mieux tirer: En fin les cheuaux ayans tiré vne grande heure, Rauaillac sans estre desmembré rendit l'esprit. L'executeur l'ayant fendu & mis en quartiers, le peuple de toutes qualitez se ietta auec espees, cousteaux, & bastons sur les quatre membres: on les rauit à l'executeur si ardemment, qu'apres les auoir frapez, coupez & deschirez, ils les trainerent qui çà qui là par les ruës de tous costez, auec telle fureur que rien ne les en peut arrester. Aucuns en allerent traisner hors & le long des Fossez de la ville, & dans les faux-bourgs: tellement que les membres de ce parricide furent bruslez en diuers endroits. Quelques manans des enuirons de Paris ayans trouué le moyen d'en auoir quelques lopins, & aucuns des entrailles, les trainerent brusler iusques en leurs villages. Ainsi finit ce miserable: qui estoit de taille assez haute: puissant & gros de membres, ayant le poil de la couleur de roux noir, comme on dit auoir esté celle de Iudas: on l'a depuis aussi appellee, *couleur à la Rauaillaque*.

FIN.

www.ingramcontent.com/pod-product-compliance
Lightning Source LLC
LaVergne TN
LVHW011952160826
845678LV00002B/503

* 9 7 8 2 3 2 9 6 8 3 6 9 0 *